꽃이 온다 봄이 핀다

현대수필가100인선Ⅱ · 87

꽃이 온다 봄이 핀다

박숙자 수필선

수필과비평사 · 좋은수필사

■ 책머리에

수필은 누구나 부담 없이 읽고, 마음만 먹으면 직접 쓸 수도 있는 가장 친근한 문학이다. 다른 영역의 문학이 영상매체에 밀려 신음하고 있는 중에도 수필 인구만은 날로 증가하여 바야흐로 수필 전성시대를 구가하고 있는 이유도 거기에 있을 것이다.

시대적 추세에 힘입어 수많은 수필전문지, 수필동인지가 창간되고, 이에 비례하여 신진 수필가도 날로 늘어나다 보니 이제는 그 많은 작가, 그 많은 작품 중에서 문학성 높은 작품을 가려 읽는 일이 쉽지 않게 되었다. 이런 현상은 작가에게나 독자에게나 결코 바람직한 일이 아니다. 더 나아가서는 수필을 연구하는 후세들에게도 큰 부담이 될 것이다.

이런 문제를 해결하는 데는 출판인도 마땅히 한몫을 감당해야 한다는 평소의 소신에 따라, 본사가 기꺼이 그 역할을 맡기로 했다. 그 첫 번째 사업으로 시대를 대표할 만한 수필가 100인을 선정하고, 작가가 자선한 40편 내외의 작품을 수록한 문고본을 발간하여 이를 널리 보급함으로써 그 소임을 다하고자 한다.

본사는 사명감을 가지고 이 사업을 추진해 나가기로 했다. 작가 선정을 전담할 편집위원회를 구성하고 전권을 위임하여 일체의 사적인 정실이나 청탁을 배제함으로써 전문성과 공정성을 확보해 나갈 것이다.

따라서 이 기획물 속에는 작가의 문학정신뿐만 아니라, 본사의 문학사적 기여 의지와 편집위원 제위의 수필문학에 대한 애정과 문인으로서의 양심이 함께 담겨 있음을 자부한다. 다만, 작가를 선정하는 기준에는 많은 견해의 차이가 있을 수 있고, 선정 과정에서도 미처 챙기지 못한 부분이 있을 것이라는 사실만은 인정하지 않을 수 없다. 이 점에 대해서는 관계자 여러분의 양해 있으시기 바란다.

이 시리즈의 발간 순서는 작가, 또는 본사의 사정에 의한 것일 뿐 그 밖의 어떤 기준도 적용하지 않았음을 밝힌다.

본 기획물이 시대를 초월한 많은 수필 애호가들의 관심과 애정 속에 우리나라 수필문학 발전에 한 이정표가 되기를 바랄 뿐이다.

본사에서는 이상과 같은 취지로 『현대수필가 100인선』 전 100권을 완간하여 큰 반향을 불러일으킨 바 있다.

그러나 우리 수필문단의 규모나 수필문학의 수준에 비추어 선정 작가를 100인으로 한정하는 것은 형평성이나 효율성 면에서 크게 부족하다는 의견이 많았고, 본사 또한 이를 통감하던 터라 기꺼이 『현대수필가 100인선 Ⅱ』를 발간하기로 했다.

본사의 충정에 찬동하여 출판에 응해주신 저자 여러분께 진심으로 감사한다.

2014년 9월

수필과비평 · 좋은수필 발행인 서정환

현대수필가 100인선 간행 편집위원 박재식 최병호

정진권 강호형

오세윤

1_부 꽃이 온다 봄이 핀다

누름돌 • 12
가시 • 16
명약이 따로 있나 • 20
찐팬 • 25
불청객 • 30
내 마음의 강둑 • 34
빈집 • 38
그 기억은 대체로 슬펐고 • 43
경계선에 서다 • 47
꽃이 온다 봄이 핀다 • 51
신화의 땅, 카파도키아 • 55

2_부 소금꽃이 달다

이웃사촌 • 60
밀감 유감 • 64
이제는 말할 수 있다 • 68
아름다운 청년 • 72
젊은날의 창을 열고 • 76
소금꽃이 달다 • 80
배냇저고리 • 84
설탕과 소금 • 88
얼룩 자국 • 93
신화의 땅, 안탈리아 • 97

3_부 징검다리

봉선화 꽃물 • 104
쑥버무리 • 108
별난 사람, 별난 입맛 • 113
징검다리 • 117
반란 • 121
불편한 진실 • 125
또파이 • 130
부끄러움 • 135
낮은 곳에 머문 사랑 • 139
신화의 땅, 이스탄불 • 143

4_부 흔들리다

흔들리다 • 150
바람의 고비 • 154
연줄 • 158
은서 • 161
불꽃으로 살다 • 165
이방인 • 170
어찌 단풍만 붉으랴 • 175
기적 소리만 남기고 • 180
흑백 사진 두 장 • 184
아마추어 마라토너 • 188
무뎌진 감성이 두렵다 • 192

▣ 작가 연보 • 197

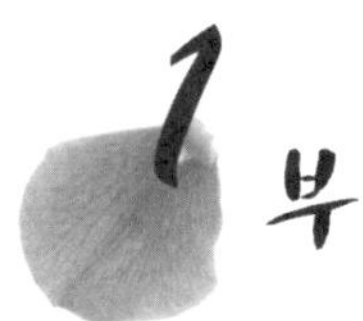

1부

누름돌
가시
명약이 따로 있나
찐팬
불청객
내 마음의 강둑
빈집
그 기억은 대체로 슬펐고
경계선에 서다
꽃이 온다, 봄이 핀다
신화의 땅, 카파도키아

누름돌

가파른 산중턱을 뚫은 터널을 빠져 나오니 전경이 환하다. 그러나 저 아래로 내려가는 길이 아득하다. 차체가 심하게 기울어지며 산모퉁이를 돈다. 국립공원 덕유산의 하산길이다. 시작과 끝을 알 수 없는 계곡은 깊고 신비했으며, 기묘한 바위들의 위상 또한 만만치 않다. 가뭄에도 마른 적 없다는 계곡의 청정수는 수정처럼 맑아, 한 모금 떠 목을 축이고 싶다.

국도변으로 들어서니 계곡물은 어느새 몸집을 불려 큰 강을 이루었다. 도도한 강물은 여름 햇살에 사금파리보다 더 반짝이고, 여러 곳의 물이 모이는 곳이라 강폭 역시 넓다. 나그네의 발걸음을 잡은 것은 강변을 덮은 돌이었다. 크고 작은 몽돌들이 눈서리라도 맞은 듯 하얗게 깔려있다. 아니 눈부시게 쌓여있다. 울퉁불퉁하거나 모서리가 날카로운 것은 별로 눈에 띄지 않는다. 세월에 닳고 거친 물살에 씻긴, 지난한 삶의 흔적을 보인다.

눈에 익은 돌을 하나 집었다. 고만고만한 돌들이지만 그 중에서도 둥글고 넓적한 돌이다. 친정집 장독대의 한자릴 차지했던 돌들이다. 당장 어디 쓸데가 있어서가 아니라 익숙한 모양에서 어머니를 발견한다. 어머니는 이 돌들을 아끼고 잘 간수했다. 쓰임이 끝나면 깨끗이 닦아 햇볕에 말려두시곤 했는데…. 그리움은 시도 때도 없는지 울컥, 어머니를 만난 것처럼 반갑다.

생전에 손자를 보러 오신 어머니는 살림을 이리저리 살피더니

“아이고, 내가 누름돌을 하나 가져다 줄 걸” 하신다. 식구가 적어 별 소용이 없다 하니

“그래도 살림에는 누름돌이 필요하단다.”

한 겨울에도 푸성귀가 나오는 지금은 시절이 참 좋지만, 예전에는 겨울철 김장이 대단한 연례행사였다. 겨울채비를 위해서 가격 좋고 싱싱한 물건을 찾기 위해 어머니는 부지런히 장터를 돌아다녔고, 고추나 고들빼기, 깻잎 등을 소금물에 담가서 풋내를 제거하고 간기가 밴 저장식품들을 장독에 보관했다. 제 몸의 독성을 뱉고 간기를 받아들이는 작업에 묵직한 누름돌은 필수였다. 누름돌로는 앙증스럽고 예쁜 돌보다 단단하고 묵직한 강돌을 선택했다.

절임의 과정을 거치지 않고, 보관이 어려운 채소는 대부분 시들거나 빨리 상해서 상 위에 오르기도 전에 안녕을 고했다. 누름돌의 힘을 받아 소금물에 잘 눌러져 익으면 맛있는 절임식품으로 거듭나지만, 머리를 쳐들거나 꼬리를 내밀어 공기와 접촉하면 곯거나 짓물러서 풀어졌다. 더러 물러져 떠오른 건더기를 건져내며 어머니는 혀를 끌끌 차셨다. 그런 과정 끝에 얻은 저장식품은 추운 계절을 이겨내는 밑반찬으로 가족들의 사랑을 받았다.

푸성귀 소금에 절여지는 시간이 필요하듯이, 무릇 세상사에는 숙성되는 과정을 요한다. 당연히 결혼생활도 적응하는 시간이 필요했고. 서로 다른 환경에서 성장한 두 사람을 하나로 묶는 작업은 쉽지 않았다. 적절한 양보와 배려가 있어야 함에도 각자의 영역을 허무는데 인색했다. '자아'라는 껍데기를 깨는 것이 쉽지 않았고, '부부일심동체'라는 미명이 감당하기 어려운 말이란 것을 한참 뒤에 알았으니, 참으로 미숙했다. 미숙함은 갈등이란 이름으로 경고등을 깜빡거렸다.

살면서 본의 아니게 난감한 일에 봉착할 때가 있다. 부드러운 관계가 원만한 사회생활을 이어주는데, 부드러움에 익숙하지 못했다. 혼자서 외치는 정의감은 정 맞기 일쑤였고, 참을성이 적으니 뜻을 관철하기도 전에 제 풀에 날개가 접혔다. 아마도 직장생활을 계속했더라면 몇 번을 튀쳐나왔을 거고, 공감받지 못한 개성은 독선으로 비쳐져 심하게 흔들렸을 거다. 일상에서 빚어지는 과욕으로 번번이, 귀한 순간과 인연을 쭉정이로 만들었다. 인연이란 핀 곳에서 지고, 진 곳에서 다시 피어난다는데 돌아보니 아쉽다. 조금만 더 상대방을 이해하고 배려했더라면, 좀 더 그들의 말에 귀 기울였다면 관계의 폭이 좀 넓지 않았을까.

삶은 순환이다. 그때의 어머니보다 훨씬 더 나이를 먹었다. 어머니께서 누름돌을 하나 가져다주신다고 한 것은, 꼭 저장식품을 만들라고 하신 걸까? 아마도 딸의 이런 부족함을 아셨기에 그리 넌지시 말씀하셨나 보다. 그리고 기원하셨을 거다. 딸의 앞날도 마르거나 물러진 풋것의 짧음보다 인내와 숙성의 과정을 거쳐 오래도록 귀하게 쓰이기를.

바람이 스치는 강변에서 철없는 딸은 이제야 어머니의 마음을 새긴다. 삶의 여정에도 누름돌이 있어야 한다는 것을. 늦었지만 묵직한 돌 하나, 가슴에 품는다. 누름돌로 딸을 지켜주신 어머니의 빈자리가 그립다. 그나마 어설픈 절임으로 여기까지 올 수 있었던 것은 나보다 더 나를 사랑해준 고마운 사람들의 염려 덕분이리라.

햇볕이 저렇게 따사로운데도 마음 한구석이 빈 듯 허전하고 시리다. 조약돌을 집어 강물에 던져 본다. 실없는 짓임을 알면서도 그리 에둘러 꽉 찬 그리움을 흘려보낸다. 여울져 흐르는 강물이 울음소리를 잠재운다. 낮아진 햇살이 서늘하다.

가시

그냥 못 본 척 지나갈까. 그래도 분명 사람인데. 당혹스러움과 짠한 마음이 발걸음을 잡는다. 마치 입관식이라도 치르는 듯, 머리부터 발끝까지 포대기를 둘둘 감고 벤치에 반듯하게 누워 있다. 누웠다는 표현보다 놓여 있다는 표현이 더 정확할 것 같다. 깊은 잠에 빠졌나, 한동안 지켜보아도 뒤척이는 기색이 없다. 살아 있다면 좁은 벤치에서 저렇게 꼼짝 않고 있는 것이 거의 불가능한데, 혹시 죽었나? 불길한 생각이 든다. 저 사람 정말 죽었나 보다.

어릴 때, 거적에 말려 있는 시체를 보고 기겁을 한 적이 있다. 어른이 된 지금도 저런 모습을 보는 것은 편치 않다. 온기 없이 짐짝으로 부려진 상태에서 생사를 가늠하기가 어렵다. 나 이외에도 지나가는 사람이 더러 있는데 마스크로 얼굴뿐 아니라 마음까지 가렸는지, 좀체 시선을 주지 않는다.

어떻게 하나? 신고를 할까, '여기 죽은 사람이 있다고.' 아니, 혹시 야근을 하고 곤한 잠에 빠진 것을 내가 예민하게 보고 있는 건 아닌지 난감하다. 죽었다면 시신으로 이 천변에 내박쳐졌다고 생각하니 참으로 기구한 운명이다. 처지가 딱해 보는 내내 가슴이 답답하다. 마음을 조이고 있는데, 구세주가 나타났다. 이곳을 관리하는 공무차량이 멀리서 보인다.

이튿날, 다시 그곳을 찾았다. 어제 관리원들이 지나갔으니 잘 해결되었겠지. 그래도 궁금하다. 멀리서 벤치를 살피니 다행히 사람의 모습이 보이지 않는다. '아, 잘 되었구나. 살았다면 귀가 조치를 했을 거고, 혹시 불상사가 났다면 사망자 처리를 했겠지.' 안도의 숨을 쉬며 개울을 건너 벤치 쪽으로 다가가니, 이건 뭐람. 둘둘 말린 형체가 어제처럼 그 자리에 그대로 있는 것이 아닌가.

"걱정스럽지요?" 익숙지 않은 음성이다. 벤치의 남자에게 관심을 보인 사람이 있다니 반갑다. 얼른 뒤돌아본다.

"저 양반은 낮에 저렇게 죽은 듯이 있다가 저녁이면 돌아간답니다."

"……."

이곳을 자주 산책한다고 자신을 소개하며 본인도 처음에 놀랐다고 한다. 도대체 사람이 죽었는데, 어떻게 외면하나 싶어 화가 났다. 정신 질환으로 저런 행동을 한 지가 꽤 되었고, 생존재임을 알려준다. 육신의 병보다 더 무서운 것이 마음의 병인데 안타깝다.

이곳은 평소 같으면 많은 사람들로 붐비는 갑천 산책로다. 그러나 금년 봄에는 사람보기가 어렵다. 코로나19로 명명된 바이러스가 아주 잠깐 사이에 세상의 흐름을 바꿔 놓았다. '사회적 동물'이라는 인간들에게 '사회적 거리두기'를 강요하니 마치 거대한 강물을 거슬러 올리는 것처럼 힘들고 낯설다. 바이러스로 졸지에 목숨을 잃은 사람이 수십만 명이란 뉴스다. 질병으로 인해 품위 있는 임종은 고사하고 혈육마저 접근 금지라니 날 벼락이 따로 없다. 그런가 하면 매일 누워서 죽는 연습을 하는 저 사람은 또 무엇인지, 생사를 결정할 아무런 권한이 없는 인간의 한계를 느끼며 벤치에서 눈을 떼지 못한다.

얼굴까지 감싼 포대기는 세상과의 단절, 타인의 시선을 거부하는 그의 마지막 자존심인지 좀체 틈을 보이지 않는다. 발병의 원인이야 어떻던, 고단한 자학의 세월 속에서 목숨을 이어가니 명이란 타고 나나 보다.

산책로를 걷는 것이 일상이 된 요즘에도, 처음 볼 때처럼 벤치에 사람이 누워 있다. 별난 기행자라고 치부해 버리기엔 개운치 않지만, 선뜻 그의 잠을 깨우지 못함이 꼭 그 이유만은 아닐 것이다. 그럼에도 불구하고 벤치의 상황이 가시처럼 목에 걸리는 것은 무슨 연유일까….

지난 날, 이와 비슷한 일에 얽혀 한동안 진술서를 쓰고 이곳저곳에 증언을 하느라 불려 다닌 적이 있다. 선의로 한 일이 오지랖 넓힌 꼴이 되어 난감했다. 불편한 점을 보아도 적당히 눈감고 살겠다는 그때의 결심이 맥없이 무너지려고 한다. 그의 잠을 깨우고 싶은 마음과 감당하지 못할 일에 끼어들지 말라는 생각이 충돌한다. 결국 손을 뻗지 못했다. 타인의 삶에 끼어들기 싫은 이기심과, 자신에게 미칠 불편함을 감수할 자신이 없는 민낯을 보이면서. 나 역시 야속하다고 생각했던 행인들처럼 결국 방관자에 불과했다.

도와주지 못한 껄끄러움이 가시가 되어 한동안 목젖을 괴롭힐 것 같다. 질병이 가시가 된 남자, 그도 나도 아프지 않게 가시를 빼고 싶다. 가시가 죽음이 아닌 생명력으로 바뀌는 요행은 없을까. 주변에서 생각의 변화로 죽음의 유혹을 벗는 경우도 봤다. 벤치의 남자도 긴 잠에서 깨어나 사람들 세상으로 들어오지 말란 법도 없다. 요행은 바람결에 날리는 깃털 같아 잡기 어려워도, 누가 아는가. 감싼 포대기 사이로 행운의 요행수僥倖數가 스며들어 병원을 찾을지. 바람결에 남자의 입원소식을 듣게 된다면, 그 소식 전한 바람결에 내 부끄러운 가시도 뽑히지 않을까. 멀리서 남자를 살핀다.

명약이 따로 있나

평소 그런대로 괜찮다고 믿었던 허리가 무리를 했는지, 일어서기가 힘들다. 진통완화제를 투여하고 치료를 했지만, 결국 시술을 받게 되었다. 당분간은 절대 요양이 필요하다는 진단이다. 1인실은 빈방이 없으니 양해해 달라는 원무과의 설명은 중요하지 않았다. 굳이 1인실을 고집할 만큼 치명적인 상처 부위도 아니었기에.

4인실에는 이미 고참 환자 셋이서 자리를 잡고 있다. 창가 쪽의 빈자리에 침대를 밀어 넣은 의료진은 대여섯 시간 동안 미동도 없이 누워 있어야 한다고 주의를 준다. 후유증을 최소화하기 위해서라니, 대단한 인내심이 필요하다.

간병하던 아내가 집으로 돌아가고, 병실 안은 오롯이 환자만 남았다. 환자복에 링거를 꽂은 네 사람은 동병상련의 밤을 보내게 되었다. 입구 쪽의 사내가 특히 앓는 소리를 많이 낸다. 나 역시 바뀐 환경에 잠을 이루지 못하고 첫날밤을 그렇게 보냈다. 그래도 한 밤을 지내고 나니 실내가 눈에 들어온다. 세 사람은 아침 인사도 나누고 자리도 정리하는데, 초보환자인 나는 좀 서툴다.

"내시경이요? 아니면 나처럼 칼을 대셨슈"

우유팩 하나를 건네며 걸쭉한 목소리로 말을 건넨다. 가무잡잡한 얼굴이 둥글넓적하며 작달막한 키다. 역시 나이를 속일 수 없듯이 머릿속은 이미 속알을 보인다.

"내시경으로 했습니다."

말문을 트기에는 시간이 좀 필요한데 그는 이런 일에 능숙한 듯 스스럼없이 대하며 이런 저런 이야기를 꺼낸다. 나이 먹으면 안 아픈 곳이 없다며 농사꾼이라고 자신을 소개한다. 말문을 트고 보니 동갑의 나이다. 동갑이라는 공통점이 서먹함을 많이 덜어낸다. 농사만 짓는다는 말과 달리 그는 다양한 취미를 갖고 있는 듯하다.

아침이 밝았다. 걸맞게 위문객의 방문이 이어진다. 그들이 몰고 온 공기가 시원하다. 회장님이라 불리는 입구 쪽의 사내는 앓는 소리를 낸 사람답지 않게 사람들에게 지시를 내리기도 하고 큰 소리로 웃기도 한다. 힘든 밤을 보냈음에도 내색하지 않는 그의 절제력이 대단하다.

내 침대와 맞닿은 옆의 키 큰 친구는 산에 가서 약초와 버섯을 채취해서 섭생에 신경을 쓴다는 건강비법을 알려준다. 회복되면 다시 산행을 할 거라는 의지를 내비치며. 진귀한 것을 잘 찾는 비법은 '남이 다니지 않는 험한 길이 보물을 찾는 지름길'이란다. 그는 알아주는 '헌터'였다.

우린 회복을 기다리는 상태라 나름의 여유가 있었다. 누군가 화제를 꺼내면 자신의 경험을 토대로 이야기가 이어진다. 이런 분위기를 재미있게 받아드리는 내 자신도 젊을 때보다 많이 둥글어졌다. 간식도 나눠먹고, 사이사이에 위문 온 사람과 옆 환우의 대화를 슬쩍슬쩍 엿듣기도 하면서 상처가 아물기를 기다렸다.

흥미로운 것은 반장격인 농부한테 여성군단이 자주 위문을 온 점이다. 여성이라지만 그녀들 역시 경로우대증을 지갑에 넣은 할머니들이다. 인기의 비결을 물으니

"베풀면 다 돌아오죠. 조그만 탁구공을 던지면 큰 축구공이 되어서 돌아오죠. 베풀지요, 그게 사람의 정 아닌가요. 그 여인들은 다 여친입니다." 여자를 여인이라 표현하는 그의 어법이 재미있다.

밤새 앓는 소리를 내던 회장님이 드디어 궁금증을 폭발한다.

"그건 알겠는데 나도 영 마음에 걸렸어, 여자들은 많이 왔다 갔다 하는데 그중에서 누가 당신의 집사람인지 사실 궁금했다고."

대화의 흐름이 여자 쪽으로 방향을 트니 아까부터 눈을 감고 있던 헌터가 잠이 달아났는지, 난간을 잡고 일어난다.

외모로 사람을 판단할 수 없지만 투박한 말과 다듬어지지 않은 행동임에도 그의 표현처럼 여친이 많다는 것은 인상적이다. 마누라 하나와 뜻 맞추는 것도 쉽지 않은데, 난해한 여인동무를 일사분란하게 움직이는 그의 능력이 빛난다.

집안 일을 상의하는 말을 들으면 조금 전 나간 위문단 속에 부인이 있는 것도 같은데, 환자 옆에서 간호하고 삼시 세끼 밥을 살뜰히 챙겨주고 있는 저 여자는 또 누구란 말인가.

“마누라는 아까 갔고, 여기 밥 차려 주는 여인도 친구이죠.”

“아니 그럼 여태 침대에 같이 있던 사람이 부인이 아니라고?”

“흐흐…. 원래 내 별명이 물개 수컷이여유.”

“뭐라고, 물개 수컷?”

병실 안은 동시에 웃음이 터졌다. 평생을 흙에서 놀던 사람이 감히 물개를 자처하다니.

간호사가 달려왔다.

“무슨 일 있으셔요.”

“아이고, 아가씨는 알 것 없시유, 얼릉 가유.”

능청스런 사투리로 애먼 간호사에게 물개 수컷이 퉁을 준다. 아픈 허리를 붙잡고 남자들이 다시 폭소를 터뜨린다. 은근 수컷이 부러운지 킥킥 거리는 웃음소리를 내며. 무슨 약이 이처럼 아픈 남자들을 웃게 할 수 있을까. 역시 명약이 따로 있네.

찐팬

우린 그를 아재라 불렀다. 농번기 때는 농사일을, 농한기 때는 장작도 패주고, 마당도 쓸며 소소한 일거리를 도와주는 아저씨다. 끼니때에는 함께 식사도 하는데, 아저씨는 대체로 식사 때를 비켜서 왔다. 마치 우리 집에 밥이 '남아 있으면 먹고, 없으면 말고'다. 같이 식사하게 때 맞춰 오라는 어머니의 말을 귀담아 듣지 않고 아재의 버릇은 여전했다.

열 명이 넘는 식구가 빙 둘러앉아 점심밥을 먹는다. 서로 더 먹겠다고 난리다. 식욕도 경쟁인가, 밥통이 바닥을 보이면 달리기를 마친 선수들처럼 씩씩거리며 일어났다. 그날도 역시 밥통이 바닥을 보이니, 아재가 기다렸다는 듯이 들어온다. 식사는 했냐는 어머니의 물음에 괜찮단다. 상추나 쑥갓이 싱싱하게 나올 때이니 여름철이었나 보다.

"그 상추 참 잘 컸다," 하며 아재가 상추를 집는다. 밥이 떨어져 못 주는 어머니도 딱하고, 괜찮다고 하면서도 연신 상추를 서너 장씩 된장에 싸 먹는 아재를 보며 '일찍 와서 같이 먹든지, 저렇게 상추만 먹으면 영양부족으로 죽지 않을까.' 맘을 졸였다. 다행히 아재는 죽지 않고 이웃으로 남았다. 아재의 청광淸狂이 때론 불편했으나, 그의 청광스럼으로 오히려 사이가 무던하지 않았나 싶다.

결혼하니 시댁의 가풍을 배우라며 어른들이 살림을 내주질 않는다. 게다가 새각시이니 한복을 입으라는 명까지 내렸다. 그런데 문제는 저고리의 동정 달기였다. 저고리를 바꿔 입을 때마다 땀이 났다. 몇 번이나 바늘에 찔려 피가 나면서 동정달기에 도전했지만, 살짝살짝 표 나지 않게 깃에 다는 것이 어려웠다. 시집살이는 고단해도 그땐 참 요순시절이었다. 대문을 잠그지 않고, 문고리를 슬쩍 걸쳐 놓기만 해도 별 일이 없었다. 하루는 행상 아주머니가 다리가 아프다며 잠깐 쉼을 청한다. 도심의 주택가에 텃밭 있는 집이 드물다며 죽 둘러보더니

"이 집 새댁이 딱 저 상추를 닮았고만요, 아주 실한 게."

상추뿐만 아니라 쑥갓, 파, 고추, 호박 등등 여러 가지를 심었는데. 입고 있던 연두색 저고리 때문인가, 아무튼 칭찬인지, 살 좀 빼라는 충고인지 아리송했지만, 콕 집어 상추를 닮았단다. 뭐라 응수도 못 하고 웃음으로 넘겼다. 지금 생각해도 시댁의 상추가 대단하긴 했다. 잎이 풍성하고 살져서 우리뿐만 아

니라 주변사람들과 즐겨 나눠먹었다. 쑥쑥 자라니 여름철 밥상을 책임지는 단골 메뉴였다.

끼니를 거른 아재에게는 밥 같던 상추였다. 밥이 적을 때는 상추 몇 장에 밥은 시늉으로 얹어 먹어도 탈이 나지 않는 상추다. 게다가 새댁 시절 상추를 닮았다는 말까지 들으니 여느 채소보다 은근 마음이 간다. 그래서일까, 오죽하면 남편이 당신 제삿날에는 상추를 올리라는 유언을 남기겠다고 농담을 할까.

요즘 마트의 진열대에는 이름도 어려운 동, 서양 채소들이 모양새를 맘껏 뽐내며 소비자를 유혹한다. 미인대회에 출전한 미인 같은 희귀한 채소들을 구경하다가 결국 상추를 일 순위로 집는다. 맛도 좋은 상추가 스트레스, 피로회복, 눈의 신경 보호, 독소 해독, 빈혈 예방 및, 비타민과 철분, 필수 아미노산을 함유하고 있어 우리 몸에 유익한 채소로 알려졌다. '가슴에 뭉쳐진 화를 풀어주며 막힌 경락을 뚫어준다'라고 본초강목에 있다는 글을 봤다. 그 뿐 아니라 상추의 하얀 즙은 유황 성분으로 보약이라고 할 정도다. 천금을 줘야 살 수 있다고 해서 천금채라 불리기도 했다니, 상추의 유익함이 명불허전이 아님을 인정한다.

며칠 전, 텃밭에 나갔다. 어느새 잡초가 주인 행세를 한다. 풀들도 영악해서 어설픈 호미질은 대번에 알아본다. 얕보고 잘 뽑히지 않는 풀과 씨름하다 보니 어느새 해가 중천이다.

배가 고프다. 빨리 먹을 수 있는 것이 라면이다. 이런 내 마음을 들여다 본 듯, 두레반을 인 아낙이 저만치서 올라온다.

이게 누군가, 동생뻘인 진이 엄마다. 솜씨 좋기로 마을에서 소문난 사람이다. 오랜만에 나온 형님과 점심을 먹으려고 부랴부랴 준비했다니 고맙다. 금방 데쳐낸 두릅, 옻순, 취나물, 돌나물을 비롯하여 시원한 물김치까지 풍성하다. 완전 봄의 향연이다.

조금 전, 어떤 것은 잡초라 호미질 당하고, 어떤 것은 먹거리로 상 위에서 귀한 대접을 받는다. 잔디밭에 난 메밀은 뽑아내고, 마찬가지로 메밀밭에 난 잔디는 쓸모없어 역시 뽑힌다. 사람이나 사물도 결국 있어야 할 곳에 있는 것이 최우선인데, 가끔 엉뚱한 곳에서 길을 잃고 헤맨다.

"여기 형님이 좋아하는 상추도 많아요."

권하는 진이엄마를 보니, 그녀가 딱 상추를 닮았다. 풋풋하고 의욕적이고 그리고 정감이 가는 것이.

진자주 색깔의 추상화를 그린 배추상추, 일편단심 녹색으로 멋을 부린 양상추, 민얼굴이 담뱃잎 같다 하여 이름도 담배상추, 이건 또 뭔가. 부채처럼 꼬불꼬불 완전 미로의 잎상추다. 샐러드용으로 알려진 로메인까지. 상추의 종류도 다양하다.

추위를 이겨 낸 봄나물이 아무리 오감을 자극해도 나의 간택은 역시 상추다. 상추 두어 장을 포개고 보리밥을 조금, 된장, 고추장, 참기름, 마늘, 파를 다져 넣은 쌈장을 얹어 입에 넣으니 볼이 미어진다. 상추의 신선함과 쌈장의 익숙한 맛이 절묘한 궁합이다. 사랑하지 않을 수 없는 상추다. 마음을 열고, 찐팬임을 고백한다. 너는 나의 원픽one-pick이라고. 그러면서 묻는다. 고픈 배를 채워주고, 귀한 영양분을 아낌없이 내주는 상추처럼 맛있게, 멋있게, 실하게, 베푸는 삶을 살고 있냐고?

불청객

'눈' 하나 만큼은 참 좋았었다. '학교 다닐 때, 공부 열심히 하지 않은 걸 후회하지만 눈 버리지 않아 다행'이라는 실없는 농담을 한 지가 엊그제 같다. 그런데 올 봄부터 바짝 눈에 무엇이 낀 듯도 하고 피곤이 느껴지기 시작한다. 비벼보기도 하고 있지도 않는 그 무엇을 잡으려 자꾸만 손이 눈으로 간다. 보다 못한 가족들이 병원에 가기를 권한다. 누군들 병원에 가는 발걸음이 가볍겠는가. '이러다가 괜찮아지겠지.' 하며 차일피일 미룬 지가 어언 한 달 가까이 되었다. 봄으로 가며 따갑게 내려 쬐는 건조한 햇빛에 따끔거리고 눈이 부셔 두 손 들고 말았다. '호미로 막을 병 가래로 막는 것 아닌지 모르겠다.' 싶어 병원을 찾았다.

많은 사람들이 법석거렸다. 대기실에는 눈 보호대를 차고 가족의 도움을 받고 있는 어르신, 병원에서까지 사랑을 확인할 양인지 손을 잡고 머리를 쓰다듬어주는 젊은 연인들, 계속 울려대는 핸드폰을 귀에 대고 소리를 지르는 사람. 때가 환절기여서 그런지 많은 사람들이 나름대로 눈병을 치료받고자 순서를 기다리고 있다.

호명되어 치료실로 들어갔다. 두 명씩 미리 의자에서 대기하고 있다. 치료 의자에 연로하신 할아버지가 앉고, 그 자리에 젊은 아가씨가 옮겨 앉고, 빈 의자에는 내가 앉았다. 치료받는 할아버지는 이미 구환의 경력을 갖고 있나 보다. 의사선생님이 점잖게 묻는다.

"할아버지 눈약 다 넣으셨어요?"

못 알아들었는지 할아버지가 의사를 올려다본다.

"아~ 약 다 넣으셨냐구요."

이번엔 진료실의 모두가 들을 만큼 큰 소리로 물어본다.

"아~ 약."

할아버지가 반가운 웃음을 띠며,

"예- 다 잘 먹었어요."

"예-엣."

이번에는 의사의 비명이다.

"예, 나슬라고 하루도 안 빼고 먹었지요."

할아버지는 규칙을 잘 지킨 학생이 선생님의 칭찬을 기다리듯 자랑스럽게 대답한다.

"먹으니까 맛이 어때요."

의사는 한 술 더 떠서 물어본다.

"맛이요, 씁쓰름허대요."

상황을 판단한 치료실의 모든 사람들은 웃음을 삼키며 할아버지가 무안할까봐 얼굴을 돌린다. 나 역시 웃음을 감추느라 애썼다. 눈약을 먹어버린 할아버지 때문에 치료실은 긴장이 풀어지고, 의사가 적당한 유머로 마무리를 지었다.

"할아버지 이 약은 드시지 말고 꼭 눈에다 넣으셔요, 이젠 먹지 마세요."

사태를 눈치 채신 할아버지는 몇 번이나 되뇐다.

"눈에 느라고…."

내 차례가 됐다. 진단결과는 노안의 시작이란다. 크게 염려할 것은 없지만 눈의 건조한 증상을 막기 위해 인공눈물을 사용하고 불편하면 안과에 들르라고 한다. 의사는 부드럽게 설명하지만 나는 기분이 묘해졌다. 아직은 젊고 항상 세상의 중심에 서 있다고 자신했는데, 어느새 노안이란 진단을 받다니 오진이길 바랐다. 귀에도 생소한 노안이란 증세가 예고 없이 찾아온 불청객처럼 반갑지가 않다. '가는 세월 잡지 못하고 오는 세월 막지 못한다'고 옛날 어른들은 말했다. 흘러가는 세월의 무상함을 그리 표현했나보다. 그 노년의 시간이 어느새 바람처럼 찾아와 내 주위에서 서성거린다.

한때는 영웅호걸의 기상도 가졌고, 젊음의 뒤안길에서 몸부림도 쳤을 조금 전의 할아버지가 "약을 느십시요"를 "약을 드십시요"로 잘못 듣고 낭패를 보지 않았나. 할아버지를 보고 남의 일처럼 웃다니, 한 치 앞을 몰랐다. 늙는다는 것은 무엇인가? 새삼 노안이란 말이 노인이라고 지칭하는 것 같아 귀에 설고 마음에 설었다.

병원 문을 밀치고 나왔다. 새 길동무로 만난 '노안'이란 불청객과 아직은 친하고 싶지 않다. 그러나 추측컨대, 가까운 시일 안에 불청객이 단골손님으로 바뀐다는 것을 짐작한다. 더불어 노안이란 친구에게 잘 사귀어 보자고 악수를 청하는 나의 노년이 시작되었음을 알 수 있다.

그리고 다시 세월을 예측한다.

"이 눈약은 꼭 눈에 넣으십시오."

나에게도 이런 말이 들려오지 않는다고 장담할 수 없음을.

내 마음의 강둑

늦은 저녁시간에 고모부의 부음을 들었다. 봄에는 시아버님의 상을 치렀고, 며칠 전에는 사돈어른의 장례식에 참석했다. 그러고 보니 금년에는 가까운 어른들과 이별이 잦다. 고모부의 발인식에 맞춰 다행히 열차표를 구했다.

고모부가 계시는 부산을 향해 기차는 쉼 없이 빗속을 달린다. 장맛비다. 무섭게 쏟아 붓는다. 세상이 며칠째 빗물에 젖어 있다. 수없이 많은 빗방울들이 차창에 모였다 흩어지고 다시 모여든다. 유리창에 비치는 내 얼굴에도 크고 작은 물방울이 얼룩진다. 우울함이 군데 군데 묻어난다.

얼마나 지났을까 열차는 긴 강을 끼고 달리고 있다. 목적지가 얼마 남지 않았나 보다. 강은 이번 장맛비로 범람 직전이다. 제방의 위험 수위를 발표하는 기자의 목소리가 다급함을 알린다. 흐르는 듯, 멈춘 듯 상태를 가늠하기가 어려웠다. 누구의 간섭도 허락하지 않고 무겁게 떠 밀려가고 있다. 검붉은 강물은 불빛에 희번덕거린다.

강둑 너머 이쪽까지 넘보며 흐르는 시커먼 강물의 도도함이 내 몸을 옥죄인다. 빗줄기는 더 사나워졌다. 저 강둑이 터지면, 저 강물이 넘치면 어쩌나…. 작은 집들과 파란 지붕의 공장들이 범람의 위기와는 달리 동화속의 그림처럼 물위에 떠 있다.

어떤 도움조차 줄 수 없음에 도피처를 찾는다. 불안하면서도 고단하게 잠이 들었던 어린 시절로 돌아간다. 고모부를 처음 보았을 때, 나는 어머니의 치마폭을 감으며 숨고 말았다. 6.25 전쟁이 끝나고 우리 집을 찾아 온 고모부의 모습은 두려움의 대상이었다. 고모부는 한쪽 다리가 없는 상이용사였다. 귀엽다고 안아주면 거의 비명에 가까운 소리로 울어 재꼈다. 상처의 통증으로 고통스러워하는 고모부의 모습을 훔쳐보고 난 후에도 쉽게 다가가지를 못했다. 채 아물지 않은 다리의 살덩어리는 핏빛으로 붉었고, 붉은 살덩어리는 한동안 꿈속에서 나를 따라다녔다.

아픈 고모부를 이해한 것은 그로부터 얼마나 많은 세월이 흐른 뒤였을까.

"마, 나는 내 살아온 길에 후회는 없는 기라"

생신상을 받고 웃다가 했는지, 울다가 했는지 이런 말을 한 적이 있다. 젊은이들이 병역을 기피하던 그 시절에 전쟁터를 누빈 고모부는 그의 성격으로 보아 부하나 동료들보다 분명 앞장서서 싸웠으리라. 전쟁이 지나간 자리에 남은 건 찢어지는 가난과 무지스러움뿐이었다. 없어진 다리를 대신해서 훈장이 나왔지만, 훈장은 돈이 아니었다. 상이용사라는 편견의 턱을 넘는데는 아무런 도움이 되지 못했다. 보조기구를 자신의 다리로 인정하기까지 고모부의 삶은 처참했다. 그러나 고모부는 쓰러지지 않았다.

영정속의 고모부는 잘 생긴 젊은 날의 모습으로 우릴 맞는다. 늙고 추레한 모습으로 사람들에게 기억되고 싶지 않았음인가. 유난히 젊어 보이는 고모부의 사진이 왠지 슬프다. 고모부의 낡은 목발이 곁에서 끝까지 고모부를 지키고 있다. 고모를 먼저 보내고 술을 부쩍 가까이 했다고 사촌들이 눈시울을 적신다. 혼자 남았던 그의 삶이 많이 쓸쓸했음을 짐작해 본다. 그래도 근방에서는 제일 큰 양계장을 운영했다니 역시 우리 고모부답다.

조국을, 가족을, 몸으로 지켜낸 고모부의 영정위로 검은 강물이 넘실댄다. 강물의 범람을 막기 위해 안간힘을 쏟고 있는 강둑의 몸부림이 머릿속을 떠나지 않는다. 강둑은 고모부의 목발과 흡사했다. 목발에 의지한 삶이었지만 좌절하지 않았던 고모부처럼, 저 강둑도 틀림없이 불어난 강물을 잘 막아낼 것이다. 논밭을 지키고 사람들을 보호해 줄 거란 믿음이 자리를 잡는다. 고모부의 목발처럼, 강둑은 마을의 목발이 될 것이다.

그해 유난히 긴 장맛비 속에서 강물은 무섭게 위협했지만 강둑은 터지지 않았다.

고모부는 고모와 합장해서 국립묘지에 안장되었다. 고모를 처음 만나던 날처럼, 고모부는 씩씩하게 두 발로 걸어서 고모를 안고 함께 묻히셨다. 상이용사 고모부 내외를 국립묘지에 안장할 수 있게 발전한 조국이 자랑스럽다.

고모부는 내게 아련한 아픔이면서도 다정했던 분으로 기억된다. 그 분은 내 마음의 강둑이었으니까.

빈집

두어 자 높이의 돌담이다. 담장이라기보다 야트막한 돌무더기가 사람 사는 곳과 좁은 골목길을 구분한다. 얼기설기 송송 바람구멍을 낸 돌담은 높지 않아서 편하다. 돌담의 숨구멍으로 도시 삶의 긴장감을 흘려보낸다. 심호흡을 한다.

편한 마음으로 마을 입구를 막 통과하는데, 웬 여자가 차 앞으로 성큼 달려든다. 섬뜩했다. 서행해서 망정이지 큰일 날 뻔했다. '정신머리는 어디에 두고!' 내 놀람에 그녀가 당황한 듯 미안함을 보인다. 처음 그녀를 대면하던 순간이다. 뭔가를 중얼거리는데 눈빛이 허공에서 흔들린다. 낯설다.

내 텃밭이 있는 마을은 원주민들이 오랫동안 마을을 형성하고 있었다. 새로이 조성된 전원주택지가 아니어서 서로들 사는 형편들을 잘 알고 있다. 주변 사람으로부터 그녀의 이야기를 들을 수 있었다. 조부모 때부터 이 마을에 살았는데, 인심을 잃지 않아 그런대로 자리를 잡고 살다가, 그녀의 부모가 가족을 데리고 인근 도시로 떠난 지도 꽤 되었다. 딸들도 시집보내고 일용직이나마 농사짓는 것 보다는 낫다는 소문이 그럭저럭 들렸는데, 어느 날 홀연히 큰딸인 그녀가 마을로 들어왔다. 정신이 온전치 못한 상태로.

뇌전증(간질)을 앓고, 어릴 때 성폭력을 당한 것이 트라우마로 남았다고 한다. 정신불안 증세를 보인다. 남에게 해를 끼치는 것도 없고 횡설수설하다 무언가를 간절히 기다리는 태도다. 마을사람들도 그녀의 병세에 대해서 정확하게 알지는 못하고, 안타깝게 정신줄을 놓았다는 정도로 이해하고 있다. 생활보호대상자로서 약간의 혜택과 동네 인심으로 끼니는 해결하지만 곤궁하다.

오가며 그녀의 모습을 간간이 본다. 마당에서 넋을 잃은 듯 서 있기도 하고, 혼자 웃음을 짓기도 한다. 어쩌다 마주칠 때가 있다. 초점 잃은 눈빛이 이야기를 들어달라는 건지, 말을 하고 싶다는 건지, 아니면 혼자만의 세계에서 방황하는 건지 가늠하기 어려운 표정을 보인다. 그런 그녀를 보면서 안타깝지만 별 도움을 주지 못했다.

오늘도 그 집 앞을 지난다. 그러나 어쩐 일인지 보이지 않는다. 보이면 눈길을 돌리고 안 보이면 궁금한 것이 솔직한 심정이다. 한 번, 두 번, 그러길 두어 달이 지났다. 내 주거지가 이곳이 아니다 보니 늦게 소식을 들었다. 최근 부쩍 발작이 심해져, 행정기관의 도움을 받아 병원에 입원했단다. 그래도 다행인 것이 주민들의 관심이었다. 골든타임을 놓치지 않아 목숨을 잃지 않았으니까. 정신병에는 정말로 문외한이지만 알코올 중독이나 상대방을 공격하는 조현병은 아니었던 것 같다. 혼자서 앓다가 일을 벌렸다. 자해를 했다니.

그런데 이건 또 무슨 아이러니인가. 듣는 내내 미안함과 울컥함으로 가슴이 먹먹하다. 사실 나는 그녀가 가여우면서도 두려웠다. 더러 정신병력자가 휘두른 흉기에 애먼 목숨을 잃는 경우를 들었기에, 이런저런 이유로 그녀와 엮이는 것이 부담스러웠다. 그녀는 바위에 짓눌린 가엾은 꽃송이였고, 혼자서는 헤어 나올 수 없는 병자였는데, 돌덩이를 깨부술 용기를 내지 못했다. 오히려 함께 짓눌릴까 봐 외면했다. 풀기 잃은 눈빛이 짠했지만 선뜻 손 내밀지 못했다. 간간이 뉴스에 실리는 따뜻한 소식들을 떠올리며 그녀를 피한 비겁함을 자책한들 무슨 의미가 있겠는가. 결국은 등 돌린 타인에 불과한걸.

처음 마주치던 날 놀랐던 기억은 차츰 잊히고 묘하게 그녀가 머릿속에 남는다. 사십은 되었을까, 도시의 여자들처럼 치장하면 삼십 대로 보일만한 용모다. 서늘한 눈빛, 그리고 도톰한 입술은 누가 보아도 매력적이다. 뭔가 심중에 묻은 사연을 털어놓지 못한 그녀의 심리상태가 전이된 듯, 나 역시 그녀를 보고 있노라면 답답하고 불안하면서도 연민의 정이 솟구쳤다.

겨우 몇 번 보았음에도 마음에 남는 인연이 있고, 오래 사귀어도 마음속에 머물지 못하는 사람의 관계가 있지 않은가. 그녀가 정상인이었다면 이야기도 나누고, 함께 차도 마셨을 텐데….

사람 하나 누우면 맞는 작은 오두막집은 차라리 쉼터라 부르는 것이 더 어울릴 듯하다. 두세 평 남짓의 방 한 개와 부엌, 그리고 작은 헛간이 붙어있는 고향집, 그곳에서 마음의 안정을 찾으려고 얼마나 몸부림쳤을까. 지친 몸을 부렸던 작은 방도, 어린 날의 추억이 묻어있는 흙냄새도 결국 그녀를 품지 못했다.

사람이 살지 않는 집은 적막하다. 울타리를 빠져 나간 영혼을 따라 그녀는 떠났다. 오늘도 오지 않는 주인을 기다리는 까만 고양이가 인기척에 놀라 달아난다. 빛바랜 지붕과 손보지 않아 기울어진 문짝이 주인의 부재를 나타낸다. 온기 없는 빈집이 그녀의 분신처럼 쓸쓸하다.

바람이 뒤꼍을 돌아 나온다. 맨드라미가 귀퉁이에서 붉은 울음을 토하고 있다. 가꾸지 않은 과꽃과 흔들리는 코스모스에서 주인의 방황을 읽는다. 누군가가 빈집의 벽면을 하얗게 발라놓았다. 낡은 집에 회칠해 놓으니 허연 것이 도리어 을씨년스럽다. 마치 우리의 허물을 감추는 듯해서 보기에 민망하다. 삶에 가정법은 없다지만, 서둘러 약물치료를 받았더라면….

사람 간의 거리는 지척이었지만 배려의 마음은 오두막 돌담을 넘지 못했다. 꽃보다 사람이 아름다운 이유를 찾지 못했다.

그 기억은 대체로 슬펐고

“이것 좀 보세요.”

돌아보니 음식물 쓰레기를 수거하는 집배차 기사다. 대형차가 들어오는 임시 분리장에 쓰레기를 내려놓으며 혀를 찬다. 누가 버렸는지 반말 정도의 쌀이 다른 쓰레기와 섞여 버려졌다. 유통기간만 지나면 여지없이 버리는 요즘 세태를 나무라는 것은 아니다. 나도 이해한다. 위생 관념이 철저한 것은 좋은 거라고. 산반으로 버려질 수밖에 없는 음식물의 한계도 인정하고. 그러나 허옇게 버려진 쌀을 보니 아무래도 심사가 편치 않다.

하얀 눈밭에서 빨간 딸기를 찾는 풍요의 시대에 ‘나때’를 고집하고 싶지는 않다. 그런데도 버려진 쌀을 보니 ‘나때’란 말이 저절로 나온다. 마치 내 쌀을 가져다 버린 듯 화가 나고, 아깝

기도 하고…. 정말 '나때'는 젖이 부족한 아기가 멀건 쌀죽으로 명을 잇고, 입덧이 심한 임산부가 며칠을 굶다가 보약처럼 씹었던 한 줌의 쌀이다. 허기진 젊은이도 먹어야 일어났으니 쌀은 식량 이전에 사람을 살리는 신이었다. 쓰레기로 버려진 쌀에서 한동안 눈을 떼지 못한다.

내 나이, 열서너 살로 돌아간다. 어머니의 작고 다급한 음성이 귓가에 닿는다.

"이 쌀을 외갓집에 좀 갖다 주어라."

어머니의 말속에는 간곡함이 배어 있어 투정도 못 부리고 깜깜한 밤에 부식거리가 담긴 보퉁이와 쌀부대를 안고서 언니와 함께 외가가 있는 언덕배기를 올라갔다. 꽤 무겁다. 한 말의 무게는 거의 한 가마니의 무게로 우리 자매를 짓눌렀고, 이후로도 땀범벅이 되는 심부름은 간간이 이어졌다.

친정어머니는 당신 집안의 장녀였다. 큰딸인 어머니만 결혼시키고 외할머니가 돌아가셨다. 열아홉에 시집을 왔으니 그 밑으로 고등학생부터 여섯 살배기 막내까지 5남매가 어머니의 가슴속에 똬리를 틀었다. 외할아버지의 한량 놀음에 가슴을 조이다 세상을 뜨신 외할머니의 가슴앓이는 큰딸에게 고스란히 전이되었다. 가난할수록 피는 진했고 동기애同氣愛는 뜨거웠다. 어머니는 당신 자식들보다 어미 잃은 친정 동생들이 가여워 곧잘 눈물바람을 했다.

전쟁 후, 그 시절에 누가 먹을거리에서 자유로울 수 있었을까. 다행히 아버지는 공직에 계셨다. 월급날, 쌀이 뒤주를 반쯤 채우면 어머니는 그 쌀에서 어른거리는 동생들을 발견한다. 홀로 되신 아버지와 동생들이 눈에 밟혔고 안주인이 없는 친정의 살림살이가 오죽할까 싶어 울적해 하셨다. '내가 한 술 줄이지' 마음을 다잡은 어머니는 식구들이 잠든 밤에 친정으로 쌀을 보내곤 했다.

잠귀가 밝은 아버지가 정말 모르셨을까. 처가에 누구보다도 잘했던 아버지의 이야기는 지금도 전설이다. 그러나 그 전설보다 더 깊은 곳에 출가외인의 법도가 있었으니 어머니의 마음고생은 얼마나 컸을까. 흔히 큰딸은 살림 밑천이란 말이 있다. 딸을 희생시켜 살림을 불릴 생각은 전혀 없었음에도, 큰딸들은 본능적으로 알았나 보다. 부모의 짐을 함께 나눠질 수밖에 없음을.

집안에 훈기를 불어 넣을 엄마의 빈자리는 컸다. 삼촌과 이모들은 진기 없는 잡곡 같았다. 서성대는 마음들이 모이지 않고 밖으로 눈길을 돌린다. 잡곡밥도 약간의 쌀이 섞여야 엉키듯이, 시집간 누나가 동생들에게 할 수 있는 것은 미약하지만 잡곡밥을 엉키게 하는 한 줌의 쌀이었을까. 친정으로 보내는 약간의 쌀은, 쌀이기 전에 간절한 마음이었다. 누나의 간절함은 죽은 엄마를 대신하고, 춥고 배고픈 날을 견디는 힘이 되기를 바랐을 거다.

하얀 쌀을 보는 순간 삼촌들의 얼굴빛이 환해진다. 식구들

몰래 소리 죽여 퍼낸 쌀의 곡절을 새길 여유가 없다. 이만한 양이면 며칠을 견딜 수 있음이 다행이었다. 고마움이란 단어는 사치였고, 삶은 그렇게 처절했다. 누나의 진심이 통했는지 삼촌들은 신문도 돌리고 가정교사도 하면서 어렵게 학창생활을 이어갔다.

왜 시린 기억은 잊히지도 않는가. 마치 어제 일 같다. 버려진 쌀을 본 이튿날, 쌀을 되찾기라도 하듯, 두 부대를 샀다. 누군가는 버렸지만 내게는 소중하기 이를 데 없는 귀한 쌀이다. 두 식구에 두 부대는 과욕이지만, 그래도 망설이지 않았다. 십여만 원 남짓을 냈는데 그 현금의 가치보다 쌀 두 부대가 주는 값어치는 상상 이상으로 든든했다. 안 먹어도 배부르다는 말을 실감했다. 어머니와 삼촌들이 배고팠던 시절에 나눠 먹던 쌀, 어머니의 눈물이 밴 쌀, 어머니의 냄새가 밴 쌀은 마음의 허기까지 채워줬다. 버리는 사람도 있지만, 한 톨까지 주워 담는 사람도 있는 것이 세상사다. 아무리 먹을 것이 흔한 시대라지만 내게는 귀하고 귀한 쌀임이 틀림없다.

세월이 흘러 세상을 뜨신 삼촌이 몇 분 된다. 하얀 쌀처럼 삼촌들의 얼굴에 화색이 돌던 순간은 짧았지만, 그 표정을 잊을 수가 없다. 무안할까 봐 어린 맘에도 고개를 돌렸던 열 몇 살의 기억들. 그 기억은 대체로 슬펐고, 나를 어른스럽게 했다.

경계선에 서다

'온통대전'을 '경국대전'의 아류쯤으로 착각했으니, 그 무식함과 무관심이 부끄럽다. '온통대전'을 되뇌다 보니 문득 『경국대전』이 떠올랐을 정도로 '온통대전'의 의미를 잘 알지 못했다. 굳이 알려고도 하지 않았다.

'온통대전'은 지방자치단체에서 어려워진 지역경제를 살리고 소비 촉진을 위해서 사용금액에 따라 약정한 마일리지로 보상해주는 제도였다. 그러니까 이 보상은 내가 사는 대전에서 베푸는 복지였고, 많은 사람이 이미 '온통대전'을 사용하며 혜택을 누리고 있었다.

젊은이들처럼 경제 상식에 능하지 못하니 대체로 소극적이고 보수적인 경제활동이다. 수입에 맞춰 생활하는 습관에 익숙한 나에게는 노력 없이 얻어지는 돈은 존재하지 않았다. '공

돈이 어디 있나? 그게 다 세금이고 소경 제 닭 잡아먹기지….' 그러나 그런 생각은 나의 외골수 편견이었음을 깨닫는 데 오래 걸리지 않았다. 오류를 정정한다.

카드 신청은 인터넷을 통해서 가능했다. 글자를 쓰는 것보다 자판을 더 빨리 두드리는 컴퓨터 세대는 인터넷에서 길을 찾고, 펜글씨 세대인 나는 지면紙面에서 길을 찾는다. '온통대전 앱을 어떻게 찾나?' 문제다. 겨우 이메일 계정을 만들고, 워드 작업해서 글 모임에 초고를 넘기는 수준인 내게는 시골 사람 서울 길 찾기다.

그동안 인터넷을 몰라도 먹고 사는 데 지장 없다고 억지를 부렸는데, 발등에 떨어진 불이다. 세상은 이미 인터넷으로 연결되었고 그 빠름과 편리함에 젖어있다. 시민을 위해 준다는 혜택도 인터넷을 못하면 신청조차 할 수가 없다. 주위에 물어보니 내 나이 또래라 그런지, 확실하게 가르쳐 주는 사람이 없다. 혼자서 해결 못 하는 무지가 허탈했지만 어쩔 수 없다. 일단 은행으로 갔다.

은행에는 나와 같은 컴맹들이 우물쭈물 모여 순서를 기다리고 있다. 고맙게도 입구에 직원이 나와서 고민을 해결해 준다. 그 직원은 얼마나 시달렸는지 마스크로 가린 얼굴 위쪽이 붉게 상기되었고, 목소리까지 쉬었다. 직원은 먼저 핸드폰이 본인 것이냐고 확인한다. 설명보다 본인이 앱을 설치해주는 것이 빠르다고 생각했는지, 핸드폰을 달란다.

설치 후부터는, 본인이 해야 한다며 돌려준다. 화면이 익숙하지 않다. 정신을 바짝 차리고 프로그램이 요청하는 대로 응답을 했다. 인증번호를 재빨리 기억 못해 두어 번 더 했다. 직원은 카드를 받으면 충전해서 사용하라는 말로 마무리를 짓는다. 미리 겁을 먹은 것이 화날 정도로 프로그램은 단순하고 간편했다. '그럼 그렇지. 자동차 얼개를 자세히 알고 운전하는 사람이 몇이나 되는가. 운전대를 잡고 메뉴대로 운전하지 않았던가.' 인터넷이란 솥뚜껑에 놀란 것이 억울했다.

그러나 억울함은 잠시였고, 카드 충전을 위해서 계좌번호를 입력하는 것이 기본인데, 이상하게 자꾸 에러가 뜬다. 분명 직원이 가르쳐 준 대로 실행했는데, 진행이 안 된다. 답답하다. 핸드폰을 들고 다시 은행을 찾았다.

"아니, 본인의 통장계좌를 입력해야지, 남편분의 계좌를 입력하면 되나요?"

머리가 띵하다. 이건 또 무슨 실수인고. 본인 카드를 쓰기 위해서는 본인 계좌번호를 입력해야 한단다. 이론상으론 맞는데, 생소하다. 남편 통장도 내 것이고, 내 통장도 내 것이라고 믿은 우물 안 아줌마의 착오였다. 남편은 밖에서, 아내는 안에서 살림을 챙겼던 부부 경제공동체의 패턴은 허물어진 지 오래였는데 알아채지 못했다. '세상이 변해도 우리는 변하지 말자'는 다짐은 부부의 금실에 한해서지 돈 앞에서 세상은 냉정했다. '남편 통장 사용 불가' 판정은 귀에 설고 한겨울에 난로를 빼앗긴 듯 기분 나쁘고 춥다.

'온통대전카드'를 사용하기까지 잠깐이면 되는 과정을 나는 두 번이나 은행 걸음을 했다. 적어도 사회의 리더는 못되어도 이렇게 지진아로 헤맬 줄은 몰랐다. 문맹이 얼마나 답답했으면 팔순의 노인이 한글을 깨치려고 때늦은 공부를 했겠나, 그들의 답답함을 절실하게 이해했다.

말 통하지 않는 외국인도 붙잡고 물어보면 답을 주는데, 아예 노크조차 허용하지 않는 비정한 디지털의 입구에서 당혹감을 감출 수가 없다. '디지로그'란 개념이 이미 사람과 사회를 휘젓고 있는데, 아날로그와 디지털의 경계선을 넘지 못한다. 살기 위해서는 넘어야 할 경계선이자 고갯길이다. 물어물어 넘어갈 것이다. 비록 그것이 열 고개, 스무 고개가 될지라도.

꽃이 온다, 봄이 핀다

고리산의 등성이가 내려와 잠시 숨을 고루는 곳, 아기 치마를 펼치면 이만 할까. 텃밭이라기에는 조금 넓고 작물을 심어 용돈이라도 마련하기에는 좁다. 게다가 노동력이 따라주지 않으니 잡초가 친구되어 함께 지낼 수밖에 없는 마음의 밭, 내 아지트다. 이곳에 조그만 밭을 만든 것도 벌써 십여 년이 되었다. 바위가 불쑥불쑥 솟구쳐 풍광이 근사한 고리산은 사람들의 사랑을 많이 받는데 등산로가 둥그런 지형을 따라 반대쪽에 나 있어 내 밭 앞으로는 사람의 발길이 대체로 뜸하다.

항상 내 방, 나만의 비밀 아지트를 원했다. 대외활동이나 공개석상에 나설 일이 없는 주부의 삶이지만 엄마의 자궁 속처럼 아늑하고, 아무 것도 하지 않고 시간을 보내도 불안하지 않은 그런 공간을 갖고 싶었다.

인연이 닿았는지, 한 마지기쯤 될까, 부드러운 선을 경계로 한 묵정밭을 갖게 되었는데 도시의 구획된 직선보다 곡선의 유연함이 맘에 들었다. 자갈이 많아서 농사는 엄두도 못 내고, 사슴 몇 마리 키웠다는 전 주인은 연로하신 이곳 마을 주민이다. 자신의 땅을 마음에 들어 하는 내게 밭 주위에 어린 벚나무를 심었으니 새 주인처럼 곧 화사하게 필거라는 덕담을 해주셔서 고마운 웃음으로 답례를 했다.

오랜 세월 동안 흘러내린 자갈과 토사는 사람의 손길을 기다렸는지, 주워내도 끝을 보이지 않는다. 배수로를 겸한 돌담을 쌓고도 남아서, 지금도 가끔 돌멩이를 줍는다. 그래도 싫지 않은 것은 이곳의 맑은 공기와 산새소리, 장끼의 "후투투"거리며 나는 소리, 가끔씩 외로움을 호소하는 고라니의 울음소리에 젖다 보면 몸은 피곤할지라도 마음은 가볍다. 돌을 골라내고, 새 흙을 채우고, 풀을 뽑고, 어린 나무를 심고, 몇 그루는 실패도 하면서 사슴이 단단하게 다져 놓은 땅에 꽃을 피워내는 작업은 마치 하루하루를 다듬고 매만지며 살고 있는 우리의 일상과 다르지 않다.

산속이라 도심보다 기온이 낮다. 이른 봄이니 삼 월쯤인가. 어설픈 햇살이 수줍게 머리맡을 아른거리지만 바람결은 차갑다. 아직은 춥다. 묵은 가지를 쳐내야겠다는 남편의 말소리와 도구를 챙기는 소리가 멀리서 들린다. '그래 백지장도 맞들면 가벼운데 나가서 거들어야지.' 생각은 날개를 달고 방문을 나서는데 선뜩 나가지 못하고 따끈한 방바닥에 몸을 눕힌다. 노곤함이 몸을 감싼다. 농막 안으로 싸한 공기가 들어왔지만 나는 까무룩히 잠에 빠져 들었다. 세상에, 이처럼 기분 좋은 편안함과 아늑한 품에 빨려 들다니. 아주 잠깐 사이 눈을 붙였고, 그 잠결에 형언할 수 없는 행복감을 맛보았다. 이성간의 사랑처럼 절절하지도 않고, 무엇에 홀린 듯 강렬한 짜릿함도 없었다. 달달한 감미로움이 온 몸을 훑는다. 그것은 달빛같이 은은했고 한없이 평화로웠다. 태어나서 처음 맛본, 감히 천국의 맛이 이런 걸까. 짧은 순간이지만 감동은 길었다. 가끔 그 날의 그 순간이 그리워, 잠을 청해 보지만….

올 가을에 국화꽃 몇 포기를 이식했다. 할머니 생일이라고 꽃을 들고 온 손주들의 마음을 새기는 것은 밭에 심어 오래 보는 것으로 대신하리라. 국화는 봄에 꺾꽂이나 뿌리내리기를 해야 한다는데, 녀석들의 마음이 고마워 일단 심었다.

산속의 청정함은 새롭고 무한한 힘을 준다. 가끔 내 글속에 나오는 밭 이야기는 이곳을 말한다. '봄이 와서 꽃이 피는 것이 아니라 꽃이 피어나야 봄이 온다.'는 말처럼 이 밭에서 목련의 꽃망울을 보며 봄을 느낀다. 이어 으름나무순이 올라오고 묵은 감나무도 느지막이 꽃을 피운다. 도라지, 구절초, 목단 꽃도 때가 되면 꽃을 피우고, 키가 큰 모과나무는 올해도 풍성하게 노란 열매를 맺었다. 더러 먼저 떨어진 것도 있지만 줍지 않으리라. 너도 편하고 나도 편하게.

겨울밤에는 사각거리며 내리는 첫눈에 귀 기울이고, 비가 많이 내리는 여름철에는 골짜기를 타고 흘러내리는 빗소리 물소리로 잠을 쉬 이루지 못하는데 그런 밤에는 글을 쓰기도 한다. 가슴을 먹먹하게 채우는 덩어리를 풀어내는 일이 쉽지 않지만 엉킨 실타래를 푸는 일처럼 차분하게 생각을 정리한다. 내 마음 따라 녹기도 하고 굳기도 하지만 대체로 잘 녹여서 쌓인 앙금은 별로 없다.

아지트 밭에는 오늘도 내 손길을 기다리는 잡초와 돌멩이가 뒹군다. 더러 뽑기도 하고 주워내지만 그냥 놔두기도 한다. 괜찮다. 이미 그들은 내 친구임을 자처하고 있으니까. 짝사랑에 길들여진 나는 게으름을 즐기지만 아주 가끔 호미를 들고 그들을 겁주기도 한다.

신화의 땅, 카파도키아

이스탄불에 도착하니 동녘 하늘이 붉다. 한국은 지금 한낮일 텐데, 이곳은 막 잠에서 깨어난다. 무엇을 보고 어떻게 느끼는가는 오로지 내 몫이기에 '발품을 아끼지 않겠다.'는 생각을 하면서 터키를 찾았다. 공항에서 바로 국내선으로 갈아타고 1시간 쯤 날았나, 도착한 카이세리는 공항답지 않게 한산하고 조용하다. 오히려 우리들의 말소리가 크게 느껴졌다. 짐을 찾다보니 문제가 생겼다. 가방의 손잡이가 깨져있다. 출발 때는 아무 이상이 없었다. 노련한 가이드가 운송 사고로 판단했는지 여권과 부서진 가방을 갖고 사무실로 간다. 보상은 감히 생각지도 못하고, 여행 중에 겪을 불편함으로 머릿속이 복잡했는데…, 고맙게도 새 가방을 받아온다. 출발이 순조롭다.

처음 찾은 곳은 카파도키아다. '아름다운 말들의 고향'이란 의미의 지명이다. 그래서일까, 넓디넓은 평지는 말을 사육하기에 알맞은 초지로 조성됐고, 멋진 이름까지 얻었으니 금상첨화다. 그러나 계절이 일러서 아직은 황토빛 구릉지대로 그 모습을 보인다. 몇 곳의 기괴한 바위들을 구경하니 점심때다. 터키하면 '케밥'이 떠오른다. 우리나라 축제 때, 민속의상을 입은 잘 생긴 터키 남자가 긴 막대에 원통으로 꽂힌 고기를 얇게 썰어주는 것만 케밥인 줄 알았는데, 터키에서는 굽는 요리는 무엇이든지 케밥이라고 한단다. 쉬쉬케밥, 되네르케밥, 항아리케밥, 고등어케밥 등등.

식당은 넓은 동굴 속에 위치했다. 들어서자 금방 서늘할 정도로 한기가 돈다. 굴 안의 낮은 온도는 외부의 뜨거움을 식혀주고, 음식의 부패를 막는 천연의 냉장고 역할을 한다. 점심으로 항아리케밥이 나왔다. 고기와 갖가지 야채를 넣어 구웠다는 큼지막한 항아리가 김을 뿜으며 식탁 위에 놓인다. 식재료가 든 항아리를 화덕에 넣고 익혔나 보다. 맛은 야채스프 같다. 익숙한 맛은 아니지만 갓 구운 빵에 찍어 먹으니 먹을 만하다. 굴 밖으로 나오니 기다렸다는 듯, 사진을 내민다. 언제 찍었지? 잽싸게 스냅사진 찍는 사진사들의 상술에 손을 들었다. 잘 나왔다고 애교까지 부리니, 어찌 할꼬.

지구에는 몇 개의 불고리판이 길게 형성되어 있다는데 그 중 하나가 바로 카파도키아를 통과한다. B.C 수십 세기 전, 불고리판이 대 폭발을 했다. 지진까지 겹쳐 불기둥이 솟고 땅이

갈라지고 용암이 흘러내리는 천지개벽을 일으켰다. 날벼락이었다. 사람은 말할 것도 없고, 불에 구워진 땅은 더 이상 어떤 생명체도 받아들이지 못했다. 그건 재앙이었다.

셀 수 없이 많은 날들이 지나갔다. 아주 오랜 세월을 거치면서 잿더미는 눈, 비, 바람의 풍상 속에서 제 몸을 식히며 굳기 시작했다. 더러는 침식되고, 잘려 나가고, 허물어지면서 상처의 흔적을 남겼다. 쌓였던 화산재는 구릉과 굵은 주름살로 여러 형상을 만들었고, 곳곳에 머리와 몸체 부분이 떨어질 듯 불안스런 입상立像으로 그 모습을 드러냈다. 카파도키아는 이런 형상의 집합체였다.

금방이라도 목이 떨어질 듯하면서 떨어지지 않는 것은 성분이 다른 토양이 응고되어 그렇다는 설명이다. 마른 황토색이 주는 건조함 때문일까, 거칠고 황량하고 쓸쓸해 보인다. 그래도 봄에는 온통 초록의 밀밭으로 뒤덮인다니 자연의 섭리에 경의를 표한다.

카파도키아를 대표하는 우치히사르는 장엄했다. 뾰족한 성채라는 뜻이다. 역시 화산재가 굳어서 생긴 커다란 바위산인데, 주봉을 중심으로 크고 작은 바위가 감싸고 있어 마치 견고한 요새처럼 보인다. 아니나 다를까, 아래층은 주거공간으로 윗부분은 적의 침입에 대비한 요새로 사용했다. 사람들은 필사적으로 바위를 뚫어 주거지를 만들었다. 침입에 대비해서 낸 작은 창문은 거인의 콧구멍 같아 웃음이 나온다. 생존의 현장인데 웃음이 나오다니, 시간이 약이다.

괴뢰메 파노라마에 올라 마을 전경을 살폈다. 좌, 우로 길게 부채를 펴놓은 듯, 조망이 압권이다. 유네스코 세계유산으로 등록되었다. 지질학적으로 연구과제가 많단다. 마치 모자를 쓴 듯, 왕버섯이 솟아난 듯 형언하기 어려운 기묘한 형상의 집합체다. 재앙 끝에 피어난 고통의 꽃이자, 천재지변 속에서 만들어진 천태만상이다. 밑에서 볼 때, 반대로 위에서 내려다 볼 때, 카파도키아는 천의 얼굴, 만의 형태를 보인다. 천국과 지옥을 넘나드는 개구쟁이의 자유로움과, 음산한 귀신들의 형상이 고스란히 들어있는 카파도키아는 터키의 이름난 관광지다.

잊혀진 땅, 카파도키아는 1960년대만 해도 가난한 동네였다. 어느 프랑스인이 우연히 발견, 잡지에 소개하면서 알려졌다. 재앙이 축복으로 대 변신을 했다. 유럽인의 휴가철에는 몇 백만 명이 몰리고 한국인도 많이 찾는다. 카파도키아의 명물인 열기구(벌룬)는 내일 아침에 탈 예정이다. 눈, 비는 괜찮은 편인데 바람의 세기가 문제란다. 요 며칠 바람이 불어서 벌룬을 띄우지 못했는데, 내일은 손님이 많다는 즐거운 비명이다. 그래도 예약제라서 내 자리는 있다니 다행이다. 뜨거운 열기로 공중 부양하는 벌룬은 바람이 잠잠한 새벽녘에 뜬단다. 대기가 가장 안정된 시각, 고요한 내일 아침을 기대하면서 카파도키아에서 첫 밤을 맞는다.

이웃사촌
밀감 유감
이제는 말할 수 있다
아름다운 청년
젊은날의 창을 열고
소금꽃이 달다
배냇저고리
설탕과 소금
얼룩 자국
신화의 땅, 안탈리아

이웃사촌

해방 이듬해에 태어난 남편이 올해 환갑을 맞이했다. 까맣던 머리는 반백이 되었고 이마에는 고단한 삶의 흔적이 굵은 주름으로 자리 잡았다. 삶의 무게를 혼자서 지고 온 탓인가 오늘따라 유난히 피곤해 보인다. 이젠 남편도 짐을 부리고 쉴 때가 되긴 되었지, 뒷모습이 안쓰럽다.

흔히들 나이는 숫자에 불과하다고 말한다. 나 역시 그 말에 동의하고 싶다. 그러나 세월의 연륜 앞에서는 그것도 욕심이라는 생각이 드는 것도 사실이다. 머리 따로, 행동 따로, 이중의 잣대가 하루에도 몇 번씩 왔다갔다 하는 요즘에는 더욱 그렇다. 대문을 잠근 기억이 나지 않아 가슴을 조이질 않나, 가스 밸브를 잠그지 않은 것 같아 다 갔던 길을 되돌아 온 적도 있다. 건망증이 나이보다 한 수 앞서 자리 잡는다. 게다가 키보드

하나로 지구촌 정보를 순식간에 훑는 세상이 되어버린 지 오랜 터라, 너무 바삐 돌아가는 것이 겁도 나고 짜증스럽다.

남편이 은퇴하면 공기 좋은 시골에서 살자는 꿈이 있었다. 우연한 기회에 우리 맘에 맞는 땅을 갖게 되었다. 그러나 직장에 매이고 생활에 쫓기다 보니 마음처럼 쉽게 뿌리를 내리지 못했다. 남편 회갑기념으로 나는 이곳에 작은 농막을 설치했다. 원두막을 겨우 면한 처지이지만 농막을 놓던 날, 아침 햇살이 유난히 눈부셨다.

농막 안에 둘이 앉았다. 삼십여 년을 함께 살아왔건만 새삼스럽고 조금 쑥스럽기조차 하다. 침묵이 흘렀다. 얼마나 많은 날들을 도심 속에서 바쁘게 허우적댔던지 잠시의 정적마저도 어색했다.

그때였다. 둘만의 시간을 방해라도 할 것처럼 작은 새가 포로롱 날아왔다. 깜짝 놀랐다. 어디에서 새가 나왔지? 작은 농막 어디를 둘러보아도 새둥지는 보이지 않는다. 산속으로 날아갔던 새는 이내 돌아와 구멍으로 빨려 들어갔다. '아 하' 그 구멍. 데크에 어린애 키 정도로 서 있는 우편함이 있는데, 그곳에 뚫려있는 작은 구멍, 편지 구멍이었다. 두어 마디 손가락이 겨우 들어갈 틈새로 거침없이 들락거리는 것이 여간 귀엽지가 않다.

시골에서 어린 시절을 보낸 남편은 '박새' 같다고 일러준다. 우린 두근거리는 새가슴으로 지켜보았다. 새가 나간 틈에 가

만히 편지통을 열어 보았다. 언제 이렇게 물어다 놓았을까. 이끼며 검불 따위로 제법 포실한 둥지를 만들어 놓았다. 손 편지만큼 소중한 박새가 이미 자리를 잡고 있었다. 깃털도 빠져 있는 걸 보니 알도 있을 것 같다. 남편은 새가 놀라 달아난다고 문을 열지 말라고 주의를 준다. 우리만 있다고 생각한 농막에 어느새 박새가 둥지를 틀었다. '낮말은 새가 듣는다'는데 우리 부부의 사랑을 눈치채지 않았는지, 슬쩍 켕긴다.

밭을 정지 작업하는 동안 꽤 시끄러웠다.

"쉿, 저 편지통 속에 새둥지가 있어요."

나는 손가락을 입술에 댔다. 포클레인 기사에게 주의를 주지만, 그는 개의치 않는다. 그 탓인가. 며칠째 새가 보이지 않았다. 나는 궁금해서 살짝 열어 보았다. 역시 새가 보이지 않는다. 그러면 그렇지 사람과 기계소리가 이렇게 시끄러운데 견딜 수가 있겠나? 미안함과 섭섭함이 밀려왔다. 우리보다 먼저 둥지를 튼 새가 떠난 것이 안타까웠다. 그렇게 바로 떠날 거라면 차라리 오지나 말지.

그리고 한 달쯤 지났다. 고추 모종을 하러 밭에 나갔다.

"여보, 새다!"

작은 외침이다. 남편이 나보다 먼저 편지통 쪽을 보았나 보다. 박새가 어디에서 날아왔는지 구멍 속으로 들어간다.

"어머머, 새가 다시 왔네."

나는 반가움에 소리쳤다. 금방이라도 편지통을 열어 박새

가족들을 살펴보고 싶었다. 그러나 나의 서툰 사랑법이 박새에게 돌팔매가 된다는 것을 알고 잡아끈다. 가만히 지켜보기만 하라고.

사람이 살아가는데 필요한 이웃이 어찌 사람뿐이랴. 한 포기 풀과 나무에서도 삶의 의미가 느껴지는데. 하물며 우리와 한집을 쓰는 박새에게는 그 정이 남다르다. 건망증과 빠른 정보에 익숙지 못한 나의 무능력도 불평하지 않으리라. 박새와 이웃하는 정겨움이 이렇게 좋은데 무얼 더 바랄까. 나이는 역시 숫자에 불과하다. 내일은 우표를 사야겠다. 그리고 박새에게 편지를 띄우리라.

—안녕, 박새야.

밀감 유감

이번 겨울, 제주도 여행을 하게 되었다. 꼭두새벽부터 시작되는 여행시간 때문에 새벽 단잠을 쫓고 일어났다. 문밖으로 한 발을 내밀자 회색빛 진한 안개가 달려든다. 겨울 날씨라 안개 걱정은 전혀 하지 않았는데 난감했다. 공항에 도착하니 금년 들어 최악의 안개로 비행기가 제 시간에 뜰 수 없다는 안내방송이다. 안개가 걷히기만 기다리며 지루함 속에서 두어 시간을 보냈다.

제주에 도착했다. 언제 안개가 끼었냐는 듯, 청명한 하늘과 쪽빛의 바다가 어울려 우리를 맞이한다. 섬나라 제주도의 맑은 공기는 이곳이 우리 땅이라는 자긍심을 갖게 해 준다. 게다가 눈 돌리면 눈 안으로 가득히 들어오는 노란 열매, 밀감은 제주도의 또 하나의 보물이다. 그러나 군데군데 '밀감 값 폭락'

이라는 현수막이 걸려 있고 심지어 밀감나무를 잘라 내는 곳도 심심치 않게 보인다. 어떤 곳은 '무료로 한 상자씩 나누어 줍니다'는 팻말조차 붙어 있다. 오늘의 밀감 경작이 한계에 부딪쳤음을 말해준다.

여고 시절, 제주도 수학여행에서 밀감을 처음 보았다. 가파른 골목길의 행상 아주머니 광주리에서였다. 그때는 지금처럼 대단지로 재배되지 않고, 밀감나무를 처음으로 시범 경작할 때였다. 밀감을 대량 생산하면 우리 국민들도 충분히 먹을 수 있을 거라는 꿈과 희망을 안고 있었다. 또 이 나무만 있으면 자녀들을 대학까지 가르칠 수 있는 일명 '대학나무'라고도 불렀다. 제주도민의 부의 척도를 밀감 밭을 갖고 있나 없나 하는 것으로 구분할 정도였다.

내가 처음 맛본 밀감의 맛은 기막히게 좋았다. 새콤달콤한 맛, 밀감은 입속에 들어가자마자 살살 녹아 내렸다. '세상에 이처럼 맛있는 과일이 다 있구나!' 할 정도였다. 허리가 구부러진 할머니의 작은 광주리 속의 황금색 열매는 주인의 지나온 세월을 보상이나 해 줄 듯이 귀하게 자리잡고 있었다. 육지 사람들에게 그 풋풋함과 도도함을 마음껏 뽐내면서.

집을 떠날 때, 부모님께서

"당최 아무 것도 사 오지 말고 너 먹고 싶은 것이나 사 먹어라."

하시며 주신 돈, 빳빳한 용돈이 깊은 주머니 속에서 나의 명령을 기다리고 있다. 그때의 내 심정은 나를 위해서는 한 푼도 쓰고 싶지 않았다. 어렵게 여행을 보내주신 부모님과 여러 형제들을 위해 꼭 필요한 것을 사고 싶었다.

밀감을 몇 개 사서 먹어보니 정말 맛이 있었다. 밀감은 어떤 물건보다도 나의 마음을 사로잡았다. 무얼 살까 궁리하던 나는, '제주도의 특징이 되는 선물을 사야지' 하고 밀감을 턱 사 버렸다. 지금 생각해 보니 한 관은 족히 되지 싶다. 가방 속의 짐을 이리저리 정리하고 한 관의 밀감을 쏟아 넣고 다시 짐을 꾸렸다. 끙끙 메고 다니자니 땀이 났다. 갈 때 산다는 친구들도 있었지만 귀한 밀감을 지금 안 사면 없어질 것 같아 급한 마음에 사 버렸던 것이다. 다른 친구들이 간식을 먹을 땐 나도 귀한 밀감을 하나씩 꺼내서 맛을 보았다.

여행이 끝나갈 무렵 짐 정리를 하던 나는 그만 아연실색을 하고 말았다. 한 개 한 개 야금야금 먹은 것이 어느 틈에 거의 다 먹고 몇 개밖에 남지 않았다. 살 때는 많았는데. 집에 가서 풀어 놓으면 식구들의 호기심을 충분히 살 수 있고, 가족이 다 함께 먹을 수 있겠다고 생각하며 샀는데…. 밀감을 함부로 먹은 것도 아닌데 이렇게 헤프게 없어지다니 참으로 허망하고 섭섭했다. 돈이 좀 여유가 있으면 사서 보충하겠는데 그럴 형편도 못되니 난감했다. 뒤따르는 허전함과 가족들을 볼 면목 없음에 여행의 즐거움이 다 사라질 정도였다. 새콤달콤한 맛으로 나를 유혹한 밀감이 도리어 야속하기조차 했다.

그로부터 수십 년의 세월이 흘렀다. 대량 생산과 유통과정의 혁신으로 전국 어디에서나 산더미 같이 쌓인 밀감상자를 보며 격세지감을 느낀다. 이젠 양보다 질로 승부를 할 때가 된 것 같다. 들리는 말로는 유통과정 중 과다한 농약처리와 색을 예쁘게 내기 위해 열처리를 한다고 한다. 그 결과 맛이 상큼하지가 않고 잘 상하기 때문에 상자를 열어보면 보통 몇 개씩은 썩어 있기 마련이다. 이런 저런 이유들로 인해서 소비자들로부터 환영을 덜 받고 있다. 급기야 귀한 나무를 잘라내는 지경에 이르렀나 보다.

우리 주변에 밀감이 너무 흔해졌고 많은 사람들이 밀감을 덜 먹는다 할지라도, 수학여행 때 나의 혀끝을 자극했던 그 밀감을 잊을 수가 없다. 먹어 버린 밀감으로 애태웠던 수학여행의 추억이 떠오른다. 나는 여고 시절로 돌아가 노란 밀감을 사서 가방 한편에 귀하게 모셔놓았다. 영문을 모르는 남편에게 노란 밀감을 하나 권해 본다.

이제는 말할 수 있다

국어 선생님이 주번을 통해 나를 찾는다. 평소 선생님들의 시선을 끌 만하게 공부를 월등히 잘했다든가, 하다못해 국어 성적이 좀 낫다든가, 그렇지 못하면 끼라도 발동해서 '아하' 해 줄만한 그런 학생도 아닌, 극히 평범한 나를 찾다니 이유를 도대체 모르겠다.

불안한 마음으로 선생님 앞에 섰다. 우리는 그 선생님을 '할아버지'라고 불렀다. 살집이 별로 없고 체구가 작았다. 시골 한약방의 깐깐한 노인 분위기를 풍겼다. 돋보기 너머로 인자한 눈빛을 띄다가 뭔가 마땅치 않으실 땐 노여움이 곁에서 느껴질 정도였다.

들리는 말로는 교장 선생님보다 경력이 더 많고 장학사들도 대부분 선생님의 후배라고 했다. 뜻한 바 있어 퇴직할 때까지 교단을 지킨다는 결심에 칭송도 들으시는 그 분, 할아버지 국어 선생님이다.

5·16군사혁명이 일어난 뒤, 모든 공무원들에게 재건복을 권장할 때다. 선생님께서는 재건복을 즐겨 입었다. 막대기를 옆에다 꼭 끼고 걷는 선생님. 그 모습만으로도 한창 철없이 날뛰던 우리들을 겁주기에 충분했다.

선생님께서는 내가 당신이 찾는 학생임을 확인하시자, 다짜고짜 추궁을 한다.

"솔직하게 말하면 선생님은 다 용서해주겠다"

나는 무슨 말인지 말귀를 알아듣지 못하고 머뭇거렸다. 조금 후에 안 사실이지만, 그 당시 우리들은 국어시험에서 원고용지 너덧 장 분량의 작문시험을 보았는데, 내가 부정한 방법으로 작문을 했다는 것이다. 채점하다 보니 당신이 가르치신 감으로 보아 우리 학생의 작품이 아닌, 수준이 조금 있는 듯한, 소위 '표절작품'으로 보이는 것을 발견했다는 것이다. 다그치는 말씀의 요지는 남의 것을 베낀 점을 감지했으니, 솔직하게 인정하라는 것이다. 나는 무엇을 잘못했는지도 모르는 채 얼굴만 빨개지고 주위 선생님들의 시선까지 한 몸에 받고 괴로운 시간을 보냈다.

그때까지 큰 칭찬도 못 받아봤지만 그처럼 힘든 순간도 처음이었다. 솔직히 말해서 선생님의 머릿속에 들어 있는 시험 제목인 '들국화'와 '잉크'를 내가 어떻게 안단 말인가? 지금처럼 과외공부가 난무하는 세상도 아니고 작문공부를 어떻게 하는지도 모르는 시절이었다.

'들국화'는 우리들이 좋아하는 소재이므로 많은 친구들이 쓸 것 같은 생각에 '잉크'를 택했다. '내 이름은 잉크랍니다. 나의 주인은 여중 2학년인데….' 나의 하루생활 중 칭찬보다는 험담을 썼고, 결코 잘 썼다고 생각하지도 않았다. 선생님께서는 '귀신은 속여도 자신은 못 속인다.'며 거듭 말씀하신다.

"네가 인정하면 다 용서해준다."고. 차라리 귀를 틀어막고 싶었다.

선생님 앞을 어떻게 빠져 나왔는지 기억이 잘 나지 않는다. 그러나 보고 쓴 것은 아니라고 말씀드렸다. 선생님께서는 전혀 귀담아 듣질 않았다. 베낀 작품이 아니라고 강력하게 항의하지 못하고, 보고 쓴 학생으로 오인 받는 상황이 돼 버린 채, 그 일은 한동안 내 학교생활을 우울하게 만들었다. 문제는 이것으로 끝나지 않았다. 애국조회라도 설 때면 주위를 맴돌며 또 다른 관심을 표했다. 잘못한 제자를 감싸주는 자애로운 눈빛을 보내시니 속 모르는 친구들은 선생님이 누구만 예뻐한다나.

감히 비교할 수는 없지만, 군부의 독재에 항거하며 모진 고문에도 굴하지 않고 소신을 굽히지 않는 사람들을 보면 나는 무조건 존경한다. 상대가 바위처럼 크고 강한데 이쪽은 작고 힘이 없을 때, 아무리 옳은 의견이나 정의를 말한다 해도 그것이 통하겠는가. 작은 목소리가 제대로 전달되겠는가. 그래서 나는 정의를 위해 목숨까지 바치는 사람들의 용기를 보면 가슴이 뜨거워지고 눈물이 난다. 어떤 억압에도 올곧은 마음을 포기하지 않는 사람의 용기에 뜨거운 박수를 보낸다. 왜 그들이라고 겁나지 않고 무섭지 않겠는가. 우리 정치사에서 가장 심한 고문을 받은 어느 정치인이 말했다.

"고문은 정말 무섭고 무서웠다, 그러나 불의와 타협은 더욱 무섭고 싫었다."

참으로 감명이 깊었다. 언젠가 T.V에서 '이제는 말할 수 있다'라는 프로를 본 적이 있다. 독재의 그늘에 가려 숨겨진 진실이 햇빛을 보는 순간이었다. 늦었지만 통쾌한 일이었다.

나도 웃으면서 이제는 말할 수 있을 것 같다.

"선생님. 그것은 분명 제가 쓴 글입니다. 부족한 제 작품을 인정해 주셔서 고맙습니다."

많이 섭섭했지만 이젠 이해합니다.

아름다운 청년

아는 분이 일본어 학원에 다닌 지 한 달도 안 됐을 때, 온천엘 갔다. 수증기로 가득 찬 탕 안이라 사람을 잘 볼 수 없었다. 그 때 건장한 청년 몇 명이 나타났다. 그 청년들이 왔다 갔다 할 때마다 뭔가 눈길을 끌었다. 등과 허벅다리에 시커멓게 휘갈긴 검은 붓 자국이 눈에 들어왔다. 어디선가 본 듯한 그림이나 글자 같았다. 살펴보니 그것은 분명 그림은 아니고, 요즘 배우고 있는 일본 글자들이었다.

목욕탕에서 아는 글자를 본 것이 반가워서 더듬더듬 읽어보니 '곰방와(こんばんは)'다. 몸에 왜 '곰방와'라는 일본 글자를 새겼는지 알 수 없지만 우선 그 글자를 알아 본 자신이 신통했다고 해서 모두들 웃었다.

그 청년들이 몸에 새긴 것을 우리는 문신이라 한다. 문신이

요즈음 건강한 젊은이들의 몸과 마음을 검게 물들이고 있다. 바늘로 살을 찍어 상처를 내고 그 자리에 먹물을 찍어 넣는 행위가 문신이다.

우리 욕에 '경칠 놈'이라는 말이 있는데, 그 경黥이 바로 문신文身으로, 조선조 초기만 해도 죄인에게 가하는 형벌 가운데 하나였다. 절도죄에는 훔칠 도盜자를 팔뚝에 문신하고, 공공재산을 빼내면 도관전盜官錢이라 문신을 새겨 전과를 평생 끌어안고 살게 했다. 이와 같이 문신이 지울 수 없는 천형의 형벌로 내려진 것도 있고, 연비聯臂라 하여 뜻을 같이 하는 사람들이 불변을 맹세하는 약속으로 문신을 하는 풍습도 있었다.

황석영의 『장길산』을 보면 길산이 묘옥의 가슴에 새기는 연비는 저승에 가서도 잊지 못한다는 정표로 새겼다. 이 밤이 가고 닭의 홰치는 소리가 들리면 길산은 떠난다. 살아서 다시 만날 기약 없이 헤어지는 두 사람. 천 마디 말이 무슨 소용 있으며 어떤 몸부림이 떠나는 임을 잡겠는가. 획을 찍는 길산의 눈이 아물거린다. 묘옥의 가슴에 새겨진 핏빛의 문신은 두 사람의 혼불 같아 나는 책에서 눈을 떼지 못했다. 그처럼 사랑하는 사람들이 새긴 문신은 아름답다 못해 처절했다.

요즈음에도 드물게 문신의 아름다움을 보인 사람이 있다. 한일 축구 전에서 골을 넣어 국민을 열광시킨 안정환 선수가 바로 그다. 윗옷을 벗어 흔들 때 그의 한 팔에는 믿음을 약속하는 십자가가, 다른 한 팔에는 아내에게 사랑을 약속하는 문신이 새겨져 있다는 보도를 보았다. 안 선수 역시 윗옷을 벗은 것은 그 약속을 하늘에 맹세하는 마음의 표시였을 거다.

이렇게 아름다울 수 있는 문신을 병역기피 수단으로 온몸에 시술한 사람들이 잡혔다. 저녁 뉴스시간에 건장한 청년들이 웃옷을 벗고 화면을 가득 채웠다. 등이며 팔뚝에 문신을 잔뜩 새겼다. 불을 뿜고 승천하는 용은 사람의 몸에서 더욱 기승을 부렸고, 날개 뻗친 독수리의 매서운 눈매는 금방이라도 먹이를 낚아챌 것 같다. 유난히도 살집이 좋아 보이는 그 젊은이들은 육신을 화폭 삼아 산수화와 동물들, 심지어 여자의 나신까지 새겼다. 자랑스러운 일로 뉴스의 첫머리를 장식했더라면 얼마나 좋았을까.

물론 문신한 사람을 다 폭력배라고 매도하고 나쁜 사람일 거라고 무조건 폄훼해서도 안 된다. 그럼에도 불구하고 문신은 거의 폭력집단의 전유물처럼 인식되어 왔다. 좋지 않은 일로 화면에 비친 사람들이 주로 문신을 했던지라 문신이 주는 의미는 꽤 부정적이다.

그런데 폭력배도 아닌 젊은 사람들이 핏방울을 내며 왜 문신을 새길까. 그들 사이에 문신이 독버섯처럼 번지고 있는 것은 무슨 이유일까. 그것은 한마디로 군대에 가지 않기 위해서란다. 문신을 새긴 사람들은 폭력배로 인정을 받아 입영대상에서 부적격자 판단을 받는다고 한다. 군대에 가지 않기 위해서 젊은이들이 그런 유혹에 빠진다니 참으로 딱하다.

문신으로 면제받은 사람들을 구속하며 병역법을 강화한다고 전문가들이 말하지만 언제는 법이 부족했는가. 법보다 더 중요한 것은 그런 유혹에 빠져드는 젊은이들의 생각이다. 게다가 암암리에 성행하던 문신이 병역 면제의 수단이 되고 보니, 새기는 기술에 따라 오고 가는 금액도 만만치 않다고 한다. 이번 사건에 대해서 많은 사람들이 걱정하고 충고의 말들을 아끼지 않는다.

유혹을 느끼는 젊은이들에게 검은 상처와 마음의 앙금만 남기는 문신의 유혹을 과감히 떨쳐 버리라고 타이른다. 문신을 새기는 아픔을 참는 인내심이라면 얼마든지 군대 생활도 잘할 수 있다. 한 순간의 잘못된 생각에서 벗어나 진정 아름다운 청년이 되라고 일러주고 싶다.

나도 아들 둘이 있다.

"똑똑한 놈은 웃으면서 군대 간다."

라고 녀석들을 격려 할 생각이다.

조국이 부를 때 응할 수 있는 것, 그것이 진정한 젊음이요, 축복이다. '건강한 몸에 건강한 정신이 깃든다.'는 말은 쿠베르탱의 말 이전에 고금의 진리다.

젊은날의 창을 열고

내 마음을 붉게 물들였던 곳, 지는 해가 유난히 아름다운 곳. 긴 백사장과 완만한 해안선으로 이름 높은 변산반도는 부안군에 소재한다. 호서문학회에서 금년도 문학기행지를 '부안'으로 정했다. 부안을 떠난 지, 30여 년의 세월이 흘렀다. 옛 애인을 만나는 맘이 이랬을까. 설렘과 반가움의 물결이 인다. 그리고 나만이 간직하고 있던 비밀을 많은 사람들 앞에 드러낸 것처럼 두근거리며 콩콩 뛴다.

부안을 찾던 날은 여름 장마의 끝이었다. 하늘은 회색빛 구름으로 짙게 드리워졌고, 차창을 때리던 굵은 비는 이따금 안개비가 되어 내린다. 결혼과 함께 떠나버린 부안에서의 생활을 한동안 꿈속에서 만났다. 20대에 초반에 부안에서 초등학교 교사로 근무한 적이 있다. 떨리는 마음으로 첫 발령지인

학교를 찾아가던 날, 그 곳에서 나를 맞이한 것은 세찬 칼바람이었다. 매서운 바람은 3월이라고 봄 기분을 낸 아가씨의 셔츠 속으로 사정없이 파고들었다.

면사무소와 지서가 있고, 초등학교가 유일한 공공시설이었다. 오래된 플라타너스가 학교 주변을 풍성하게 감쌌다. 그 안에서 어린이들은 하루 종일 달리고 뛰고 웃고 울며 공부했다. 아이들의 건강한 웃음이 담을 넘어 통통 튕겼다. 팔랑개비보다 더 가볍게 반짝이는 미루나무는 햇빛에 반짝거렸고, 우거진 나무그늘은 아이들의 땀을 식혀주고, 운동회 날에는 그 주위가 명당으로 꼽혔다.

학교 뒤뜰에는 오래된 살구나무가 대여섯 그루 있다. 어찌나 많이 열리는지 지나다 보면 살구가 머리를 건드렸다. 팔만 뻗으면 딸 수 있는 노란 살구는 수시로 여선생들을 유혹했다. 잘 익은 살구에서 풍겨나는 새큼한 향은 여름과 함께 왔다. 살구가 다 익으면 전교생에게 나눠 주는 일은 교장 선생님 몫이었다. 노란 살구를 쟁반에 받아 오는 당번 아이의 의기양양함은 살구만큼이나 옹골졌다. 검게 그을린 아이들의 땀 냄새와 잘 익은 살구 냄새가 뒤범벅되어 교실 안은 아찔한 현기증이 돌았다.

가을이 오기 전에 고학년 형들은 국도 변에 코스모스를 이식했다. 비포장 도로를 오고가는 버스가 먼지를 내고 달아나면 우리들은 부연 먼지를 뒤집어썼지만 모종 하나라도 허투루

하지 않고 잘 심었다. 하늘거리는 코스모스는 가을의 선물임을 아이들은 잘 알고 있었다.

교직원들은 간이 배구시합을 곧잘 했다. 심판을 보던 동네 중학생 녀석이 느닷없이 "첸지 코치"하며 코트를 바꾸라는 명령을 내렸다. 우리들은 콩을 팥으로 알아듣고 코트를 잘도 바꾸면서 체력단련의 시간을 보냈다. 그 천연덕스런 명령을 눈 하나 깜짝하지 않고 선생들에게 내린 녀석도 아마 중년의 아저씨가 됐겠다.

'이곳이 부안이요' 하면 눈이 쉬어 간다는 말처럼 부안은 눈이 많이 왔다. 바닷가에서 몰고 오는 구름은 눈이 되어 마을을 하얗게 덮었다. 논밭과 길이 온통 하얗게 덮히면 정말로 길을 잃는다. 모든 것이 새하얗다. 그런 겨울날에는 왜 그렇게도 마음이 스산해지는지, 눈 속에 갇힌 막막함에 울컥 서러움이 몰렸다. 그러나 집 떠난 외로움만 있던 것은 아니었다. 백사장을 운동장으로 사용하는 학교에 근무한 친구가 있어 바닷가를 자주 찾았다.

빛바랜 사진첩에서 선배를 떠올린다. 당시 우리들은 낙후된 섬마을의 실상에 대해서 토론도 하고 의견도 나누었다. 몇 번의 만남이 자연스레 이루어졌다. 그 때도 아마 지금처럼 여름이 끝나가는 때였을 거다. 선배가 바다를 보며 말문을 열었다. "낙후된 섬마을을 위해 함께 노력해 보지 않겠냐."고.

섬에서 태어난 자신은 섬의 열악한 사정이 핏물처럼 가슴에 물들었다며, 자기가 사람을 잘못 보지 않았다면 성실한 대답을 기다린다고 덧붙였다. 나는 깜짝 놀랐다. 우리들 중에는 나보다 더 착하고 봉사심이 많은 동료가 있는데 왜 하필 나를…. 처녀 총각의 분홍빛 얘기로는 생각하고 싶지 않았다. 아마 열악한 농어촌에 헌신하고픈 열정으로 동지를 구했겠지. 붉게 물든 바다만큼이나 얼굴이 달아올랐다. 그 후에도 선배에게 성실한(?) 대답을 하지 못했다. 지금쯤 선배는 자신의 뜻대로 섬마을을 위해 훌륭한 일꾼이 되지 않았을까.

준비 없이 첫사랑을 만난 것 같은 아쉬움이 몰려든다. 근무했던 학교도, 읍내도 구경하고 싶다. 그때처럼 맨발로 모래밭도 걸어보고 싶고, 그 선배도 보고 싶다. 한꺼번에 떠오른 추억의 편린들을 놓치지 않으려고 안간힘을 써 보지만 지나간 옛일일 뿐이다.

젊었기에 작은 씨앗을 키울 수 있었고, 젊었기에 불안했던 날들이었다. 그 무엇을 찾아 방황했던 순간조차 소중한 기억으로 자리했다. 어느 것도 함부로 할 수 없는 젊은 날의 조각들이다. 그런 자투리 조각을 잇는 작업은 아직도 진행중이다. 그리움이란 항상 아쉬움을 남기면서 아름답게 포장되어 마음 언저리를 맴돈다. 회상에 젖는 내가 조금 쑥스럽다.

회원을 실은 버스는 굽이굽이 해안선을 따라 돌고 있다. 머무르고 싶은 내 마음을 이해한 듯, 속력을 내지 않는다.

소금꽃이 달다

무얼 배운다고, 취미다운 취미를 가져 보겠다고 이곳저곳을 꽤 기웃거렸다. 그러나 생각과 실천은 말처럼 쉽지 않아 몇 개월, 혹은 이삼 년을 넘기지 못하고 중도 하차하는 경우가 많았다. 내 처녀시절에는 나라도 어려웠고 갓 사회생활을 시작한 유리알 지갑으론 생존 이상의 꿈을 꾸기에는 무리였다. 살면서 느끼는 아쉬움, 걸러지지 않고 삼킨 감정의 찌꺼기, 관계에서 빚어지는 소통의 필요성, 그런 갈증과 허기를 채우지 못하고 젊은 날을 보냈다.

아이가 초등학생일 때, 손을 잡고 백일장 대회에 참석했다. 아들은 그림을, 엄마인 나는 글을 지었다. 오랜만에 대하는 원고지가 낯설고, 적어도 띄어쓰기와 받침만큼은 자신했던 우리말임에도 불구하고 연필을 잡은 손이 어색하고 글꼴도 시원찮고 어휘도 생각나지 않아 쩔쩔맸던 기억이 어제 같다. '말은 마음을 반밖에, 글은 그 말의 반밖에 표현을 못한다.'고 한다. 글쓰기의 어려움을 설명한 것이리라. 그날 진솔하게 내 마음을 전하고 싶었지만 아쉽게도 원고지를 메우는 것으로 만족해야 했다.

시간이 주어졌다. 그러나 그 시간의 주인이 되기에는 일렀는지 한동안 잊고 지냈다. 그러나 간구하면 기회가 오는지, 이웃에 사는 J선생님의 소개로 글 모임을 알게 되었다. 새내기의 어설픈 발걸음은 두어 발짝도 떼지 못했다. 그동안의 열망이 과한 욕심으로 표출되어 번번이 글을 망쳤다. 가슴보다 머리로 쓰다 보니 메말라진 글은 글쓴이와 글이 각각의 길에서 헤맸다. 보이기 위한 글, 멋진 글, 허구의 글이 사람들에게 얼마나 괴리된 글인가를 깨닫는데 십여 년을 보냈다. 지워버리고 싶은 유혹을 받는다. 그러나 글은 날개를 달고 이미 내게서 멀리 날아가 버린 뒤다. 많이 부끄럽고 민망했다.

어릴 때, 옆집에 마전을 업으로 하는 아저씨가 살았다. 어쩌다 골목에서 맞닥뜨리면 종이 봉지에서 과자를 몇 개씩 꺼내주었다. 햇볕이 좋고 화창한 날일수록 아저씨는 바빴다. 누런 광목을 펄펄 끓는 잿물에 삶고 말리고, 또 삶고 말리고, 번들거리는 그의 얼굴은 장작불만큼이나 붉었다. 우리 빨래는 가끔 돈도 받지 않고 삶아주곤 했다. 마음 좋은 아저씨의 땀을 보며 '차라리 다른 일을 하시지…,' 그런 생각이 들기도 했다. 장성

해서 내가 떠날 때까지 아저씨는 빨래터를 지켰다. 장인이라고 부르기엔 뭣하지만 마전장이로서 흘린 땀이 소금꽃으로 필 때, 생광목은 질 좋은 옥양목으로 변신했다. 눈보다 더 하얀 광목을 마무리하며 아저씨는 소금꽃에서 단맛을 느끼지 않았을까.

글을 쓰면서 가끔 아저씨를 떠올린다. 글 쓰는 작업도 소금꽃을 피우는 그런 처절함과 인고를 필요로 하는 것 같아서. 번뜩이는 영감과 창작력으로 순간에 열매를 맺는 천재적인 작가도 있다. 그러나 미욱해서일까, 사유, 인내, 발효의 과정을 겪지 않은 글은 곰삭지 않아 본질을 살피기가 어려웠고 뜻이 제대로 전달되지 못했다.

폭 넓은 인생을 산 것도 아니고 다양한 경험도 못했다. 전업주부의 삶이 대체로 평범하고 시야가 좁음을 인정한다. 그래도 다행스러운 것은 글을 쓰면서 얻은 수확도 많다는 점이다. 사소한 것을 지나치지 않으려 했고, 작은 것을 지켜보는 인내와 세심함을 배웠다. 어쭙잖은 지적 허영과 사치를 버리고, 그들의 언어에 귀를 기울였다. 낮고 소소한 것에서 아름다움을 찾고, 삶의 이삭을 챙기는 부지런함도 도움이 되었다.

봄비 한 방울이 새 싹을 틔우는 자연의 섭리를 본다. 열정, 그리고 깊은 사유, 나아가 역지사지의 경우를 헤아리며, 따뜻한 마음을 엮어 글을 쓰고 싶다. 그런 글의 행간에서 더러 편안함을 얻고 공감하는 독자가 있다면 부족하지만 글을 쓰는 이유가 되지 않을까. 물론 그 속에서 나도 위안을 받으며.

마전장이의 땀방울이 생각나는 밤이다. 고민하고 더 생각하고 부족함을 메우려는 각고의 노력이 필요하다. 후줄근한 옷에 얼룩지며 피던 소금꽃의 의미를 새겨본다

배냇저고리

정결하다. 흰색이라서 더 그렇게 보이나 보다. 마전을 끝낸 청결한 무명천을 앞에 놓고 벌써부터 젖내를 맡는다. 아직 아기의 살갗이 닿기도 전인데 할미의 맘은 성급하기만 하다. 보드라운 천을 만져보며 천보다 더 보드라운 아기에게 젖을 물리던 젊은 날을 생각한다.

지금처럼 체계적인 육아 교육은 받지 못했지만 적어도 내 아이는 모유로 키우겠다는 의지만큼은 대단했다. 젖이 불어서 앞섶을 흠뻑 적셔도, 젖이 발효되어 시큼한 냄새가 몸에 배어도 부끄럽지가 않았다. 엄마의 젖을 배불리 먹고 깊은 잠에 빠진 아기를 바라보며 '세상 끝날 때까지 이 엄마가 너를 지켜주마.'라고 다짐했던 기억이 난다. 강물처럼 세월이 흘러 그 아기가 어른이 되었고 이제 아비가 된다니…. 처음 아기를 안던 그 마음 그대로 마음이 설레고 들뜬다. 그리고 조물주의 오묘한 신비에 감사드린다.

원래 손이 귀한 집안이지만 이렇게 긴 기다림을 주시리라고는 생각지 못했다. 아들 며느리도 손주를 기다리는 우릴 보면 미안해하고, 그런 아들 내외가 안타까워 그동안 사실 내색도 못했다. 삼신할미가 점지해 주는 일을 저흰들 별수 없지 않은가. 주실 때까지 기다릴 수밖에.

팔 년만에 찾아온 기쁜 소식이다. 환한 웃음으로 버무린 임신소 식에 온 집안이 들썩거린다. 손주가 태어나면 우선 엉덩이를 한 대 때려줄까 보다. 저의 부모는 말할 것도 없고 이 할미를 애태운 벌로 말이다. 그리고 넉넉한 내 품에 오랜 시간 안아주고 싶다. 흔해서 누구도 샘내지 않고 무병장수하라고 태명을 '개똥'이라 지었다.

그동안 '손주가 생기면 이런 옷도 저런 옷도 입히면 얼마나 예쁠까.' 즐거운 상상을 하며 봐 두었던 아기 옷들이 떠오른다. 색깔도 은은하고 모양도 여간 귀엽지가 않다. 마치 예쁜 옷이 없어 내 아이의 인물이 돋보이지 않아 억울하기라도 했던 것처럼. 젊은 엄마들을 부러워 한 적도 많다

아들 녀석들이 입었던 배냇저고리가 아직도 장롱 한 쪽에 고이 개켜져 있다. 손바닥보다 조금 큰 배냇저고리. 세월 따라 색은 바랬지만 아직도 젖내가 밴 듯 한 배냇저고리는 탯줄처럼 우리 모자를 이어주고 있다. 저희들이 분가를 해도 배냇저고

리는 주지 않았다. 왠지 허전해서 내줄 수가 없었는데, 이제 태어날 손자에게 제 아비가 입었던 것이라며 건네줄 때가 된 것 같다.

손자의 배냇저고리를 만들어주고 싶다. 세상에 태어나서 맨 처음으로 입을 옷을 이 할미가 만들어 주고 싶은 욕심이 난다. 사 입는 옷에 익숙해진 탓으로 오랜만에 반짇고리를 꺼냈다. 처음으로 아기의 살갗에 닿는 옷인 만큼 따뜻함과 깨끗함에 유의해야 한다. 게다가 갓난아이의 혈액순환이 잘되고 움직이는데 어려움이 없도록 옷이 편해야 할 것이다. 더 신경을 쓴다면 입히고 벗기기 쉽도록 넉넉하고 간편하게 만들어야 한다. 등이 배기지 않도록 솔기를 하지 않고 저고리 기장은 배를 덮어 보온에 도움이 되도록 하고 소매는 길게 만들어 손을 가렸다. 손톱으로 얼굴에 작은 상처를 내므로. 옛날에는 아이의 수명이 실처럼 길게 이어지라고 실을 꼬아서 고름을 달았다는데 그런 염원을 담아 옷고름을 길게 만들어 달았다.

배냇저고리를 만들며 책자를 찾아보니 집안의 장수한 어른이나 어머니의 옷으로 배냇저고리를 만들어 아기의 장수를 빌었다고 한다. 남자아이의 배냇저고리는 재수가 있다하여 시험이나 송사에 부적같이 몸에 지니는 풍습이 전해졌다는 내용도 있다. 그러나 요즘은 품질 좋은 천연섬유가 많아 배냇저고리를 새 천으로 만든다. 다만 장수의 염원을 담아 박음질과 홈질을 한 땀 한 땀 손바느질로 했다.

배냇저고리를 만드는 요 며칠 동안 즐겁고 행복했다. 할미가 만든 이 저고리를 입고 건강하게 잘 자라면 그 보다 내겐 더 좋은 선물이 없을 것 같다. 네 겹으로 놓고 마름질을 해서 이음새가 없는 배냇저고리처럼 손자의 앞길도 막힘이 없고 멋진 사람으로 성장하길 기원하며 저고리의 실 끝을 매듭짓는다.

설탕과 소금

하객들 속에 앉아 있다. 그녀가. 딱히 누구와 인사를 나누겠다는 생각도 없는데, 어쩌다가 무엇이 끌기라도 한 양 그 쪽으로 시선을 돌렸다. 그녀인가, 아닌가, 아니 분명 그녀다. 오랜만에 보는데도 그녀의 모습은 별반 달라진 것이 없다. 주책없이 가슴이 덜컥 내려앉고 심장이 두근거린다. 그녀의 눈에 띌까 내가 더 당황하며 고개를 숙였다.

피부는 여전히 곱고, 화사한 맵시도 여전하다. 입성도 추레하지 않은 걸 보니 역시 사는 재주가 용하다. 짧지 않은 세월이 그녀와 나 사이에 흘렀다.

십여 년 전, 연일 경찰청에서 전화가 집요하리만치 왔다. 마치 내가 집에 있는 것을 다 알고 있다는 듯이.

"크게 피해 본 것이 아니니 제발 문제 삼지 말아요."

라고 사정을 했지만 경찰관의 이야기는 다르다. 사건이 접수돼서 당연히 조사해야 한다는 말이다. 그 때 내가 찾아간 경찰청의 조사실은 지하실이었다. 밖은 환한 대낮임에도 빛바랜 형광등이 지하실의 어둠을 쫓느라 눈을 부릅뜨고 있다. 건물이 오래되어 음습했는지, 내 마음이 심란해서 음습했는지, 지하실 내부가 어두컴컴했던 것으로 기억된다.

그녀는 우리에게 다도茶道를 가르쳤다. 생활방편으로 다기와 여러 차들을 판매하고 차 만드는 법도 가르쳤다. 그녀의 가게에 진열된 토기인형을 구입한 것이 계기가 되어 가깝게 되었다. 토기인형의 얼굴 표정이 너무 슬퍼 보인다는 내 말에 자기도 공감한다며 가장 아끼는 작품이라고 한다. 가게를 자주 들리다 보니 친해졌다. '다도 연구모임'을 만들 계획이라며 가입을 권한다. 그녀의 전통문화에 대한 해박함과 열정은 모임을 만드는데 별로 시간을 끌지 않았다. 모임을 앞에서 이끄는 그녀를 우린 자연스레 '다도 선생님'이라 부르며 따랐다.

그러던 어느 날, 그녀가 잠적을 했다. 뒤에 알려진 사실로, 회원에게 많은 돈을 빌렸다. 돈을 빌려준 사람은 말할 것도 없고 회원들은 뒤통수를 맞은 듯이 어리벙벙했다. 이제까지 꿈을 꾸었나 싶었다. 맑고 도덕적인 이야기만 하던 선생의 야반도주를 인정하기에는 무리였다. 그만큼 우리는 정이 들었고 그녀를 신뢰했다. 설탕이라고 먹었던 것이 짜디짠 소금이라니.

인도를 가기 위해 조금씩 적립해 둔 여행비도 그녀는 빠뜨리지 않았다. 여행비까지 손을 댄 그녀가 안쓰럽기도 하고, 설마 이런 행동까지 할 줄 몰랐던지라 배신감과 그의 이중성에 회원들은 화가 치밀었다. 금전으로 만난 사이라면 처음부터 조심을 했겠지만 신뢰를 바탕에 둔 다도 회원들이 아닌가. 상처는 의외로 컸다.

여행비는 문제 삼지 말자고 의견을 모았지만 문제는 목돈을 떼인 회원들이다. 선생과 제자는 한순간에 채무자와 채권자로 바뀌었다. 고소를 했다. 그녀를 잡는다고 아우성이다. 형사들이 그녀의 집 주변에 잠복했다며 살벌한 용어들이 입에 오르내리기 시작했다.

조사과정에 내게도 귀찮을 만큼 전화가 왔다. 피하는 것도 한계가 있지, 협조를 부탁하는 직원의 요구를 더 이상 밀쳐낼 수가 없었다. 사건에 관계된 여러 내용을 자세하게 물은 뒤 끝으로 "다도에서 무엇을 배웁니까." 하며 흥미로움을 나타낸다.

"배운다기보다 우리의 '전통 다도문화'를 제대로 알고 싶었습니다."
라는 나의 대답이 그의 고정관념을 바꿔 놓는데 별 도움이 되지 못한 것 같다.

"주전자에다 넣고 푹푹 끓이면 되지, 무슨 차 끓이는 걸 다 배웁니까?"

빈정거림을 지나 나의 감정을 건드린다. 이래저래 속이 상한 나는 그의 충고 섞인 말을 뒤로 하고 지하실을 빠져나왔다.

스승과 제자가 대질 심문을 받았다는 소식을 들은 것은 그러고도 한참 지난 뒤였다. 실형을 선고 받았을 거라고 전하는 회원의 목소리는 먹구름만큼이나 나를 무겁게 했다. 차를 마시며 나누었던 시간들이 무참하게 깨졌다.

한동안 다소곳이 차 끓이는 그녀의 모습이 떠올랐다가, 느닷없이 수의를 입은 그녀가 덮쳐 왔다. 경제적인 문제가 그녀를 벼랑 끝으로 내몰았나 싶은 안타까움이 들기도 하고, 처음부터 회원들에게 의도적으로 접근했나 싶은 불편한 생각도 들었다. 녹지 않은 설탕과 소금이 결정체로 남아 혀끝을 괴롭혔다.

오늘, 결혼식장에서 생각지도 않게 그녀를 보았다. 그녀는 의연하고 우아한 모습으로 식을 지켜보고 있는데, 그녀를 어찌 대할까 혼란스럽기만 하다.

처음 만났을 때 모습이 떠올랐다. 그녀는 오늘처럼 우아했다. 편하게 사람을 대하는 가식 없음에 자매 같은 정을 느낀 적도 있었다. 문득 이것도 인연이란 생각이 든다. 내 생애에 한두 번쯤 스치도록 되어 있다면 악연으로 끝을 내고 싶지 않다. '죄는 미워도 사람은 미워하지 말자'는 생각이 든다. 그녀를 이렇게 보내지 말고 손이라도 한번 잡자. 그런 내 마음을 담아 그녀 쪽으로 눈길을 돌렸다.

화사하게 앉았던 자리가 텅 비었다. 그녀가 먼저 자리를 떴다. 달지도 쓰지도 않은 허전함이 몰려온다.

설탕과 소금은 이미 세월 속에 다 녹았는데. 먹먹함에 실없이 두 손만 비벼 본다.

얼룩 자국

조간신문으로 하루를 연다. 정치, 사회면을 거쳐 문화면에서 시간을 끈다. 오늘은 정해창의 '망태를 멘 아버지와 아들'이란 사진을 감상한다.

> '눈길을 걷는 두 사람, 아버지와 아들이다. 모자를 눌러 쓰고 두툼한 외투를 입은 부자의 뒷모습이 언뜻 정겹게도 힘겹게도 보인다. 어느 쪽일까? 날이 흐려 그림자도 없으니 한낮인지, 해질녘인지도 도통 알 수가 없다. 아버지의 등짐은 무거운지 가벼운지, 아들의 얼굴은 야위었는지 통통한지, 집에서 나오는 길인지 돌아가는 건지…. 정답 없는 질문들이 사진의 깊이를 더한다.'
>
> 『조선일보. 2022.02.11. 마음으로 사진읽기에서』

심호흡을 한다. 한 장의 사진 앞에서. "아버지…." 불러보는 것만으로도 마음이 시리다. 그분은 그리 오래 사시지 못했다. 지금의 내 나이보다 조금 더 사셨으니까, 내성적인 성격에 말수가 적었다. 자녀들에게 큰 소리 한 번 낸 적 없지만, 정작 본인에게는 엄격했다. 퇴근 후, 손에 잡은 책은 아버지의 유일한 친구이자 취미생활이었다. "책과 결혼했냐"는 어머니의 불평에도 별 반응을 보이지 않았다. 주위에서 법 없이도 살 양반이라는 평판은 이재에 밝지 못한 아버지를 그리 에둘러 표현했나 보다. 돈과 거리가 멀었기에 삶의 무게, 또한 만만치 않았을 거다. 어머니의 강한 생활력은 그런 아버지와 사는 한 방편이었음을 짐작한다.

아버지의 환한 웃음은 우리들이 좋은 성적을 받아왔을 때다. 여느 아버지들처럼 자녀 교육에 열의를 보였다. 새 교과서의 표지를 질긴 포장지로 싸주고, 검정 노끈으로 묶은 연습장을 골고루 나눠 주며 등을 도닥여 주셨다. 아버지의 손바닥은 언제나 따뜻했다. 그런 아버지였음에도 딸의 등록금보다 조카의 등록금을 더 걱정했다. 그날 밤도, 큰조카 등록금을 챙기라는 아버지의 선전포고에 어머니는 결사 항전했다. 윗돌 빼서 아랫돌 괴는 어머니의 셈법으로는 무리였다. 어머니의 완강한 저항으로 판세는 끝났다. 마당가에서 아버지의 담배 연기가 밤새 맴돌았다.

아버지는 평소에도 담배를 즐겼다. 내가 첫 월급을 받고, 질 좋은 담배를 한 보루 사서 드렸더니 아버지는 담배 냄새를 맡으며 흐뭇해 하셨다. 흡연이 건강의 적이라기보다 긴장 해소에는 약도 된다는 생각을 하던 때다. 나 역시 아버지의 흡연을 그리 심각하게 느끼지 못했다.

그러다 아버지의 직장업무에 사건이 터졌다. 그때나 지금이나 공직사회의 현실은 변한 게 없다. 공功은 윗사람이, 책임은 아랫사람이 진다는 것이. 그 시절, 그 부서에 있었던 것이 화근이라면 화근이었다. 애초부터 위험 부담을 안고 있는 사안事案이었다. 일개 사무관 선에서 기획된 일이 아님을 관가에서는 다 알고 있었다. 희생양이 필요했고, 아버지는 직위 해제를 당했다. 책임 소재를 규명하는 소송 기간은 길었다. 대법원에서 복직 판결을 받기까지 몇 년의 세월이 지나갔다.

즐기던 담배가 건강을 해칠 정도로 깊숙이 아버지 몸을 파고들었다. 명예는 회복되었어도 건강은 잃은 뒤였다. 주치의의 금연 처방도 별 효과를 보지 못했다. 병을 악화시킨다고 가족들 모두가 아버지와 담배를 떼어 놓으려 감시자가 되었다. 애처가로 소문난 아버지임에도 어머니와의 금연 약속은 지키지 못했다. '모든 것이 원래대로 돌아왔으니, 남은 삶은 사는 것처럼 살자.'는 어머니의 눈물은 통한으로 끝났다.

아버지를 산에 모시고, 며칠 후 베란다 구석진 곳에서 빗물에 흠씬 젖은 담배꽁초를 발견했다. '언제 여기서 이렇게 몰래 피우셨나? 그마저도 마음 편히 못 피셨구나.' 어느 누구도 담배 한 개비만큼의 배려도 보이지 않으면서 '금연이 건강'이란 말로 아버지를 또다시 벼랑 끝으로 내몰았다. 결국 손에서 놓지 못한 담배는 혼백인 양 꽁초 부스러기가 되어 구석진 베란다에서 모습을 드러냈다.

'나 힘들었다….'

부스러져 잔재殘滓만 남은 담배꽁초는 속으로 곪은 아버지의 흔적이요. 마지막 외침이었다. 형태를 잃은 꽁초는 누런 빛깔의 얼룩을 남겼다. 산뜻함과는 거리가 먼, 빛바랜 누리끼리한 색은 한 가정을 지켜온 가장의 색깔, 아버지의 고단한 심성을 보여준다. 지금처럼 한두 명도 아니고, 여덟 명의 자녀를 둔 아버지는 든든함에 배불렀고 고단함에 배가 고팠을 거다.

신문에 게재된 사진 속의 아버지는 젊다. 그는 잘 손질된 두루마기를 입고 있다. 눈 덮인 벌판에 하얀색 두루마기와 아들의 검정 외투가 대조를 이룬다. 아마도 큰댁에 세배라도 가는 걸까. 아버지는 꼿꼿한 허리로 불어오는 북풍을 막으며 아들을 앞세워 걷고 있다. 보호해 주고 보호받고, 구식과 신식의 세대 공간에서 부자父子의 정이 막역莫逆히 흐른다. 열 마디 말보다, 머리 한번 쓰다듬어 주던 우리 아버지들은 그렇게 묵묵히 가족을 지켰다.

내게도 그런 아버지가 계셨다. 이제 북풍을 막아드릴 차례인데, 무심한 세월 앞에서 그분의 기억만이 존재한다. 돌아오지 않는 것들, 때를 놓친 미안함에 눈물조차 누런 색깔로 혼탁하다.

신화의 땅, 안탈리아

새벽잠을 설치고 올라온 동산에서는 어머니의 풍요로운 젖무덤 같은, 둥근 열기구가 이륙 준비를 하고 있다. 불꽃을 신호탄으로 날이 좋으면 백여 개가 넘게 뜬다. 부드럽고 서두르지 않으면서 경이로운 풍광 속으로 벌룬이 두둥실 떠오른다. 구름을 타면 이런 기분일까. 내 몸은 벌써 하늘을 날고 있다. 노련한 파일럿의 운행으로 하늘에 닿을 듯, 만져질 듯 화려한 벌룬 쇼를 벌린다. 고도 800미터까지 오르니 영하 11도란다. 일행이 된 싱가포르 아줌마들도 환성을 올리다 결국 추위를 이기지 못하고 벌룬의 광주리를 안방 삼아 움츠린다.

반달이 아직도 저렇게 떠 있는데 일순간에 주위가 금빛으로 찬란해진다. 순간, 저 멀리서 붉은 덩어리가 불끈 솟는다. 눈을 뜰 수가 없다. '오 하느님….' 파란 하늘에 빨건 발광체가 빛을 발한다. 일출은 순간이었고, 우주의 신비였다.

한 시간 가까이 하늘을 날았다. 안착을 시도하는 벌룬의 균형을 잡기 위해 대여섯 명의 장정들이 대기하다가 무사히 트럭 위에 앉힌다. 우리는 안전하게 내렸다. 하늘과 땅의 차이가 이런건가? 잠깐 착각했지, 마치 천사라도 된 듯.

오후에는 지하 도시 데린구유를 찾았다. 기원 전 200년경에도 지하 도시의 이야기가 거론될 정도로 역사가 깊다. 원래는 방공호 목적인데 로마의 그리스도교 박해를 피해 기독교인들이 더 깊게 더 크게 파 놓았단다. 많은 사람이 기거할 수 있게 판 동굴은 한 땀 한 땀을 손으로 쪼았다고 한다. 그 흔적에 서린 사람의 피땀과 신앙을 지킨 그들의 영혼을 생각하니 감격 이전에 전율이 돋는다. 통풍을 배려하면서 깊게 판 굴은 캄캄했고 깊이를 알 수 없다. 빠지면 그대로 천국이나 지옥행이다.

대체로 이곳의 바위나 굴은 응회암으로 되어서 파기는 쉽지만 파낸 부분이 공기와 접촉하면 딱딱하게 굳는 성질을 갖고 있단다. 그래도 그렇지, 사람이 굴을 파서 거주지를 만든다는 것이 쉬운가. 미로의 동굴에서 영영 못 나올 수도 있으니 잘 따라 오라고 겁을 준다. 체격이 큰 사람은 딱 끼어 옴짝도 못할 좁은 틈새도 있고 머리가 천정에 닿아 90도로 구부리고 걸어야 하는 오르막, 내리막길도 있다. 지하 8층 깊이까지 팠고, 그곳에서 예배도 드리고, 가축도 기르고, 죄를 진 사람을 가두기도 했단다. 군데군데 돌로 칸을 막아 침입자를 경계하며 유사시를 대비하는 치밀함을 보였으니 인간의 영특함이 놀랍기만 하다. 관광지로 개방된 곳은 극히 일부분이라니 그 규모를 상상해 본다.

로즈밸리 계곡을 찾았다. 로즈밸리, 얼마나 아름다운 이름인가. 암석을 물들인 붉은 노을빛이 환상적이다. 물 빠진 흔적이 층층의 가로줄 무늬를 새겨 놓아 지각변동이 있었음을 알 수 있다. 바닷물이 차 있던 곳의 경계는 붉은 곳과 그 아랫부분이란다. 경계선 위로는 주상절리의 바위도 있다는데 시간상 보지는 못했다. 가을 날, 잘 익은 감빛으로 빛난 장밋빛 골짜기에서 로즈향을 느낀다. 코끝에 스미는 장미향에 취해서 발걸음을 쉽게 옮기지 못했다.

카파도키아에서 이틀을 머물다 보니 여유롭다. 도자기로 유명한 아바노스 마을을 찾았다. 도자기 기술이 히타이트 시대부터 이어졌다니까 역사가 아주 깊다. 동네는 깨끗하고 도자기를 직접 제작하고 판매도 한다. 아라베스크 문양의 접시를 두 개 구입했다.

마을 입구를 유유히 흐르는 강물이 붉다. 붉은색 점토가 강바닥에 깔려있어 '크즐륵막' 우리말로 하면 '붉은 강'으로 불린다. 그래서 강물이 붉었구나. 아이스 크림가게에서 향이 좋은 바나나와 새콤한 자두크림을 주문했다. 한 입 뜨니 상큼하다. 나중에 들으니 MADO라는 유명한 가게란다. 내일은 카파도키아를 떠난다.

3일째다. 종일 버스를 탔다. '큰 소'란 의미의 '타오르스' 산맥을 7시간 정도 달려서 시데와 안탈리아로 이동했다. 고산에는 녹지 않은 만년설로 머리가 하얗다. 겨울을 보내고 여름이 가까워지면 이 만년설이 녹아 대지를 푹신하게 적신다. 이곳의 질 좋은 밀을 생산하는 생명수를 흘려보낸다. 그래서 일까. 이곳에서 먹은 빵이 부드럽고 유난히 구수하다. 신선한 치즈와 과일을 곁들이니 김치 없이 밥 못 먹는 나도 별 어려움이 없다.

지중해 연안으로 들어서는 길목에 고흐의 '별이 빛나는 밤'의 싸이프러스 나무가 군락을 이루고 있다. '죽음, 슬픔의 나무'라는 의미가 있어 공동묘지에 많이 심는다고 한다. 덕분에 많은 무덤을 보았다. 어디서나 삶과 죽음은 공존하는데, 너무 아둥바둥하지 않았나, 뒤를 돌아보게 된다. 더 흔하게 보이는 건 올리브 나무였다, 식목 후 30여 년이 지나야 수확할 수 있다는 연회색의 올리브 나무가 산등성이를 울창하게 덮고 있다. 며느리만 좋은 일 시킨다는 이야기를 달고 있다. 동서양 어디서나 딸의 호강은 당연하고 며느리의 호강은 달갑지 않았나 보다. 그런데도 올리브 나무를 참 많이도 심었네. 하긴 며느리가 편해야 아들이 편하지.

터키는 아나톨리아 반도라 불리 듯 사방이 바다다. 안탈리아를 끼고 있는 지중해를 비롯하여 흑해, 에게해, 마르마라해가 있다. 여행의 매력은 긴 시간도 짧게 만드는지. 7시간이 잠깐 같다. 어느 새 에메랄드빛 바다가 보이는 안탈리아에 도착했다.

아름다운 휴양도시다. 고급스런 주택가와 카페는 유럽풍이고 많은 유럽인들이 사랑하는 곳이란다. 잠깐의 개인 시간을 준다. 바다가 보이는 하얀 카페의 하얀 의자에 앉았다. 가게들의 인테리어도 온통 하얀 색이다. '하양과 블루', 지중해 컬러다. EFES 생맥주를 청했다. 싸한 액체가 목구멍을 따끔 따끔 쏘며 아프게 넘어간다. 차가운 맥주는 기분 좋게 썼고, 기분 좋게 감미로웠다. 유리잔 속에서 톡톡 솟는 액체의 기화현상에서 내 몸의 가벼움을 느낀다. 술잔을 들어 마주 앉은 사람에게 고마움을 전한다. 네가 있어 내가 있음을 확인하며, 서로의 건강을 빌었다. 밀려드는 편한 안정감이 고맙다. 맥주 덕분인가, 파이팅이다.

터키 국기는 빨간 바탕에 초승달과 별이 있는데, 터키의 이슬람 문화와 역사에 기인한다. 무함마드가 승천하던 날 초승달과 별이 하늘에 떠 있었다는 전설에 의해 그 두 가지를 이슬람의 상징으로 표시한다. 빨간색은 오스만 제국을 세우기 위해 흘린 피를 의미한다고 하니, 그래서일까, 터키 하늘은 유난히 파랗고 국기는 유난히 빨갛다. 집집마다 국기를 걸었고, 유적의 최고봉에는 으레 빨간색이 펄럭인다.

목화의 성이란 뜻을 가진 파묵칼레에 도착했다. 유명한 온천 지역이자 목화의 주산지다. 층층의 바위는 거대했고 그 거대함속에 녹아내린 석회 성분으로 하얀 설경을 연출했다. 그

사진을 보며 얼마나 설렜던가. 웅장한 설경 속에 내가 서 있다니, 감동이다. 지금도 석화 현상은 진행 중이다. 따뜻한 온천수에 발을 담그니 피로 회복이란 선물을 준다. 몸이 가뿐하다. 군데군데 작은 못에 담긴 온천수는 마치 터키석 원석을 깔았는지 블루 코발트다. 이곳에 유명한 터키석을 가공한 판매점이 있다니 눈요기만이라도….

파묵칼레가 있는 이곳에 히에라 폴리스라는 고대 도시가 있었다. 치료 휴양과 상업이 번성했다. 그러다 14세기에 발생한 대지진으로 폐허가 되었다. 이곳에서 만들어진 카펫은 품질이 세계적으로 우수하고 값도 비싸다. 매매는 인연이 닿아야 이뤄진다고 할 정도다. 자국의 물건을 파는 것도 중요한 관광 수입이다. 가죽 제품도 유명하단다. 상품의 홍보 차 패션쇼를 하는데, 자체의 전문모델과 손님 모델을 뽑아 쇼를 한다. 생각지도 않게 우리 부부와 젊은 아가씨 2명이 선발(?)되었다. 남편은 런웨이를 '차차차' 리듬으로 워킹을 하며 포즈를 취하니 박수 세례다. 그동안 끼를 어디에 숨겨 놓았는지, 그의 새로운 매력이다. 매출과 관계없이 우린 재미있는 경험을 했다.

에페소 상점가에는 빛바랜 타일이 그 시절의 영화를 보여준다, 밝을수록 진한 어둠을 남기듯이 제국의 황제들이 바뀌면서 영욕의 흔적이 도처에 남아있다. 개선문을 지탱했던 돌기둥도 몇 조각의 파편으로 뒹군다. 권력의 덧없음과 세월의 무상함을 실감하면서 옷깃을 여민다.

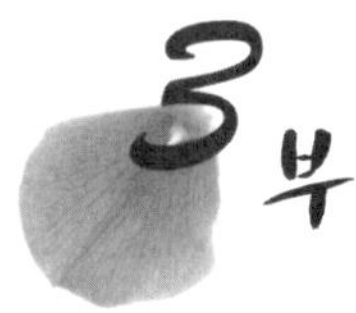

3부

봉선화 꽃물
쑥버무리
별난 사람, 별난 입맛
징검다리
반란
불편한 진실
또파이
부끄러움
낮은 곳에 머문 사랑
신화의 땅, 이스탄불

봉선화 꽃물

며칠 전, 손을 잡고 하교하는 초등학교 남녀 어린이를 보았다. 그들의 다정하고 진지함에 웃음이 나왔다. 사람들이 첫사랑(?)을 이야기할 때 조숙하게도 초등학교 시절을 꼽는다. 설렘, 사랑이란 거창한 말은 몰라도 왠지 좋은 감정을 갖는 것, 그것이 그 또래들의 사랑법인가?

어제 일도 기억나지 않아 당황할 때가 있다. 그런데 웬 조화인가, 몇 십 년 전의 일이 선명하게 떠오를 때가 있다. 쑥스러워 피식 웃지만.

초등학교 2학년 때다. 자녀 교육만큼은 도시에서 시켜야 한다는 어머니의 교육열에, 전주로 전학을 왔다. 시골 학교와 도시 학교의 격차는 컸다. 일제 때 붉은 벽돌로 지은 교사는 판자로 지은 시골 학교와 비교할 수가 없었다. 그렇게 큰 학교였지만 6 · 25 전쟁 통에 적령기를 놓친 아동, 한 가정에 대여섯 명씩 되는 학동들을 수용하기엔 교실이 많이 부족했다. 2, 3학년은 이부제 수업을 했다. 전학 가서 제일 애를 먹었던 점이 오전, 오후반으로 나뉜 등교시간이었다.

그러던 어느 날, 시끄럽던 교실 안이 갑자기 조용해졌다. 선생님이 아이를 데리고 들어오셨다. 그 애도 나처럼 전학을 온 것이다. 그 아이의 얼굴보다 먼저 빨간 리본이 눈에 들어 왔다. 선생님은 자리를 살피다 내 옆자리를 가리키신다. 전학생들을 위한 선생님의 배려로, 그 아이와 난 한 책상을 쓰게 됐다. 아이들은 멋쟁이 전학생에 대한 호기심으로 가득 찼다. 새 전학생 덕분에 나까지 덩달아 얼굴이 빨개졌다.

은아였다. 서울에서 왔고. 얼굴도 예쁘고, 마음씨도 좋았다. 은아는 우리 반 공주였다. 몸에 딱 맞는 꽃무늬 원피스도 입고 하얀 컬러가 붙은 양복도 입었다. 가끔 구두도 신었다. 나는 언니의 옷이 작아지면 받아 입고, 명절 때 사주는 옷은 몇 년을 입어도 될 만큼 큰 옷이었다. 왜 어른들은 몸에 맞는 옷을 안 사고 큰 옷을 살까 불만이었다. 그런 판에 멋쟁이 공주가 옆에 있으니 신이 났다. 몸이 약한 은아를 위해서 책가방도 들어 주고 은아의 당번일도 내가 도맡아 했다. 조금도 힘들지 않았다. 은아 부하라고 애들이 수군거렸지만 그까짓 놀림은 대수롭지 않았다.

칠십여 명이 한 교실에서 배우다 보니 선생님께서 일일이 손을 봐 줄 수가 없었다. 쪽지 시험을 자주 보았다. 선생님은 틀린 사람들은 옆 짝꿍들이 책임지고 가르치라고 했다. 은아보다 공부는 내가 잘 했다. 기뻤다. 공주인 은아보다 잘하는 것이 내게도 있다니. 배우는 은아보다 가르치는 내가 더 열심이었다.

은아네 집도 우리 집과 가까웠다. 두 살 위인 오빠도 그런 은아를 알고 있었다. 하루는 오빠가

"네가 공부도 못 하면서 잘난 척 만 한다."라는 말을 은아한테 들었다는 것이다. 이 말은 나에 대한 오빠의 생각이었는지 모른다. 2년 터울로 손발이 맞아 자주 티격태격하는 여동생을 골려 줄 방법을 찾던 중, 떠오른 이름이 은아였는데. 장난삼아 골린 것도 모르고.

다음날 은아를 데리고 까까머리 남자애들이 우글거리는 오빠네 교실로 갔다. 오빠는 나보다 일 년 위인 3학년이다. 깨진 유리창 틈으로 오빠를 찾았다. 우리가 왔음에도 오빠는 얼굴조차 돌리지 않는다. 나올 기미가 없다. 오빠 친구들이 우리가 왔음을 계속 알려 주니, 견디다 못한 오빠가 복도로 나왔다. 친구들은 큰 구경거리가 생겼다는 듯 창문에 엉켜 붙었다.

"네가 절대 그런 말을 안 했다니 우리 오빠한테 말해 줘."

나의 재촉에도 두 사람은 말이 없다.

"……."

벌겋게 상기된 얼굴로 숨만 할딱거리며 서 있던 오빠가 느

닷없이 "찰싹" 내 뺨을 쳤다. 그리고 화가 몹시 난 표정으로 나를 노려보더니 교실로 휙 들어가 버린다. 구경하던 오빠 친구들이 유리창에서 "후드득" 떨어진다.

정말 그 때는 오빠의 마음을 몰랐다. 억울하다고 해명하러 간 것 뿐인데. "은아"라는 이름을 불러보고 싶어 친 장난인데, 헛똑똑이 동생이 동티를 내 버렸다. 삼자 대면을 하자고 교실까지 찾아오다니. 뺨 한 대로 해결된 것이 다행이지.

열 살 소년의 수줍은 마음에 봉숭아 꽃물 같은 흔적을 남기고 은아는 떠났다. 은아만 오면 유독 모른 척 했던 오빠의 수줍은 마음을 은아는 알고 있었을까?

'꽃이 아니어도 별빛이 아니어도, 가까이 살피면 너는 꽃이 되고 멀리서 그리우면, 너는 별빛이 된다.'는 시인의 말을 빌린다. 오빠, 은아, 나. 셋이서 삼각형 별자리를 수놓는다. 유년의 추억은 그것만으로도 충분히 아름답기에.

쑥버무리

여행 끝에 들린 항구 도시 여수. 수려한 자연 풍광은 어느 철이라도 아름답다. 게다가 바닷가여서 풍부한 해산물은 여행객의 입맛을 사로잡는다. 여러 종류의 생선이 싱싱함을 마음껏 자랑하고 있다. 그 중에서도 비싸다는 전복이 큰 함지박에 듬뿍 들어 있어 보기만 해도 풍요롭다. 해산물이 주류를 이루는 어시장 한쪽에 붙어 있는 작은 채소 가게에 뜻밖에도 파란 나물이 눈길을 끈다. 그것은 솜털이 채 가시지 않은 어린 쑥이다.

"어머 신기해라, 아주머니 이 쑥 온상에서 나왔지요?"

추운 겨울날, 쑥이 어느새 저렇게 자라서 나왔으리 만무하다. 온상에서 모든 채소를 키우는 세상이니 이 쑥도 그런 것이겠지, 나는 단정적으로 물었다.

"아니랑게, 이 쑥은 저 거문도에서 일일이 여자들이 캔 것이여."

비교적 겨울이 따뜻한 거문도에서는 12월부터 다음해 봄이 될 때까지 부지런히 쑥을 캐서 육지에다 내다 판다고 한다. 육지에 쑥이 나기 시작하면 값이 떨어지니까 거문도에서는 봄이 무르익으면 쑥 뜯기를 멈춘단다.

"그러면 이 쑥이 저 거문도에서 육지로 시집왔나 봐요."

나의 호들갑에 아주머니는 이제야 이 쑥이 얼마나 귀한 것인 줄 알았냐는 표정이다. 귀한 노지 쑥이니 사라고 권한다. 멀리 바다를 건너온 쑥을 보니 세상이 참 좋아진 것 같기도 하고 계절이 좋아진 것 같기도 하다. 쑥을 한 바구니 샀다. 마치 쑥을 처음 보는 것처럼 한 줌 쥐어서 향을 맡았다. 쌉쏘롬한 쑥 냄새와 바다 냄새까지 어우러져 코를 취하게 만든다.

온상에서 나온 어떤 푸성귀보다 귀하게 느껴진다. 예전에는 쑥이 이렇게 귀한 줄 몰랐다. 봄이 되면 당연히 지천에 깔리는 것이 쑥이었고, 그 억센 생명력은 오히려 잡초처럼 질겨 소중한 생각이 들지 않았다. 언젠가 들은 이야기인데 히로시마에 원자탄이 떨어져 모든 생물이 다 죽고 어떤 식물도 자라지 않았을 때, 맨 먼저 싹을 틔운 것이 쑥이었다고 한다. 하기야 옛날 가난했던 보릿고개에서 우리들의 목숨을 연명해 준 것도 이 쑥이었는데 그동안 고마움을 잊어버렸다.

찬바람이 씽씽 부는 바닷가에서 해물 대신 쑥을 샀다. 쑥향기가 날아가기나 하는 것처럼 빠른 발걸음으로 집을 향했다. 이 쑥으로 무엇을 할까? '뽀얗게 쌀뜨물을 받아 멸치를 좀 넉넉하게 넣고 날콩가루를 솔솔 뿌려 노랗게 옷을 입힌 쑥을 팔팔 끓는 된장국물에 한소끔 끓여 볼까. 쑥을 넣은 된장국에서 풍겨 오는 구수한 냄새. 아니다, 이 쑥을 넣고 개떡을 쪄 볼까?

어릴 때 어머니께서 만들어 준 개떡이 그땐 맛있는 줄 몰랐다. 손으로 얄직하게 만들어 둥근 모양으로 쪄낸 개떡에 참기름 한 방울을 떨어뜨려 윤을 내면 보기에도 먹음직스럽고 맛도 좋다. 쑥을 듬뿍 넣고 찐 개떡은 빵이나 케이크에 비교할 수 없는 깊은 맛이 있다. 그 맛있는 떡을 왜 개떡이라고 이름을 지었을까. 내가 먹어 본 쑥 요리를 모두 떠올렸다. 봄에 쑥을 넣고 절편을 만들면 나랏님도 먹었다는데 쫄깃한 쑥절편도 먹고 싶다. 쑥으로 만드는 음식을 생각하다 슬며시 잠이 들었다.

열차 안내 방송으로 대전에 도착했음을 알린다. 여행지에서 일어났던 재미있는 이야기는 접어두고 우선 쌀 한 바가지를 물에 담갔다. 물에 불린 쌀과 이 보드라운 쑥이 어떻게 어우러질지 즐거운 고민거리를 남겨놓고서. 겨울에 쑥이 나왔다는 것에 식구들도 신기해했다.

"벌써 쑥이 나왔다고, 거 좋지. 이참에 쑥버무리나 먹어보면 좋겠구먼."

무얼 만들까, 고민은 끝났다. 식구들이 쑥버무리를 원하고 있다. 요구만 하면 무엇이든지 다 만들어 줄 것 같던 기백이 뒤로 물러난다. 솔직히 쑥버무리를 맛있게 먹기만 했지 직접 만든 경험은 없었다.

어릴 때 어머니는 뚝딱하면 맛있는 음식을 금방 해 오셔서 우리들을 맛있게 먹였는데, 정작 어른이 된 내가 가족을 위해서 떡을 쪄 본 것은 몇 번 되지 않았다. 그동안 편했던 것에 대한 벌이랄까. 혼자 쑥버무리를 쪄야 하는 숙제를 안았다. 그러나 햇쑥은 나의 이런 걱정은 아랑곳없이 진한 향기만 풍긴다.

불린 쌀을 건져 물을 뺀 뒤, 소금을 조금 넣고 곱게 빻았다. 쌀가루에다 물기를 약간 넣어 아주 미세한 기계에서 다시 뽑어낸다. 미숫가루처럼 보드라워져 손가락 틈새로 가루가 슬슬 빠진다. 그사이 깨끗이 씻어 물기를 빼놓은 쑥을 쌀가루와 살살 버무려서 하얀 눈꽃이 되게 만들었다. 솥에 보자기를 깔고 눈꽃이 된 쑥을 조심스레 앉혔다. 처음인 탓에 기다림에 약간의 조바심이 일었다. 조금 있자 떡이 다 되었다고 훅훅 김을 뿜는다. 불을 끄고 약간 뜸을 들인 후 솥뚜껑을 살그머니 열었다. 그 속엔 거문도에서 온 쑥이 하얀 면사포를 쓰고 부끄럽게 앉아 있다. 눈사람처럼 흰옷을 입은 쑥버무리가 맛있는 냄새와 함께 잘 익었다. 나는 잘 익어준 쑥버무리가 고마웠다. 식구들이 식탁에 둘러앉았다.

"쑥버무리가 잘 됐나 모르겠어요."

품평회에 작품을 낸 응시자 같이 겸손해졌다. 맛을 본 식구들은 약속이나 한 것처럼 이렇다저렇다 말이 없다. 정말 맛이 없나? 슬금슬금 식구들의 눈치를 살폈다. 불안하다. 이런 나의 표정을 읽었는지, 갑자기 침묵을 깨고 남편이 한마디 한다.

"쑥버무리로 부업을 하면 큰돈을 벌겠는데."

계절에 앞서서 먹는 맛, 또한 일미라며 수북했던 접시가 한 순간에 비워졌다. 내가 쑥버무리를 처음 만들어 본다는 것을 식구들은 알고 있었나. 칭찬이 쑥스러우면서도 싫지 않다.

식구들을 위해 떡을 만들다 보니 훈훈한 모정이 샘솟는다. 사 먹는 떡도 맛이 있지만, 직접 만든 쑥버무리에는 정이 담겼으니 그 맛을 어디에 비할까. 나는 떡을 입에 넣는 것도 잊고 모락모락 나는 쑥 향기를 심호흡했다. 향긋한 쑥내음과 함께 해서 기분 좋은 시간이었다. 보릿고개 시절에는 고픈 배를 채워 줬고, 오늘 식탁에서는 식구들의 정을 채워 준다. 쑥버무리와 함께 나의 봄이 싱그럽게 열린다.

별난 사람, 별난 입맛

초등학교에 입학한 손자의 얼굴 보기가 좀체 쉽지 않다. 보고 싶은 마음은 간절한데, 녀석의 시간내기가 생각보다 어려운가 보다. 드디어 오늘 온다는 전화를 조금 전 받았다. 무슨 정상 회담에서 자국의 실익이라도 끌어낸 관료처럼 만면에 웃음꽃을 피우니, 보다 못한 남편이 한마디 한다.

"나한테도 그리 지극정성 좀 쏟아보라고."

그런 핀잔쯤은 봄날의 미풍이다. 녀석의 학교생활은 코로나19로 친구는 사귀지 못했고, 비대면 수업인데 그런대로 재미있단다. 학생들은 우선 친구들과 운동장에서 뛰어노는 것에 익숙한 할머니의 사고에 혼란이 온다. '아, 세상이 바뀌었지….'

손자는 제가 그린 그림을 전리품이나 되듯 내어놓는다. 갖고 싶은 것을 고르란다. 할머니 눈에는 모든 그림이 다 작품이다. 그래도 할머니를 생각하며 그렸다는 것을 골랐다. 이마의 주름이 몇 개인가, 실제보다 두어 개 적게 그려주어 고맙다.

이제 초등학교도 들어갔으니 무엇이든지 잘 먹어야 대장부라고 은근 부추기면서 점심을 준비한다.

"할머니 자장면 먹고 싶어요."

입에 맞지 않으면 아예 쳐다보지 않는 녀석의 까다로운 입맛에 고심하던 할머니 귀가 번쩍 뜨인다.

"자장면? 너 좋아하니."

"네."

대답이 시원하다.

할머니가 상급 학교에 들어가기 위해 시험을 보던 때니 참 오래전이다. 첫 번째 관문이 중학교다. 입시지옥이란 말이 공공연했고, 선생님도 학생도 긴장을 늦추지 않았다. 배운 것을 그때그때 시험을 보니 달달 외우는 암기 교육의 절정이었다. 세칭 일류 중학교에 몇 명을 넣느냐가 선생님의 과제였고, 우린 그 학교에 꼭 합격해야 한다는 의지로 밤까지 과외 공부를 했다. 전주가 큰 도시는 아니지만 도청 소재지로써 교육열만큼은 대단했다.

드디어 합격자 발표가 났다. 고대하던 소식을 어머니께 전하니 무척 좋아하시며, 친구들과 자장면을 사 먹으라고 돈을 주셨다. 평소 돈을 가져 본 적이 없는데, 주머니에 돈을 넣는 순간 이상하게 배가 불렀다. 쓰기가 아까워 점심을 거르고 면접을 보았다.

시험이 끝난 날, 푸짐한 저녁상이 차려졌다. 아버지도 계속 웃음을 띠시고, 어머니는 한 술 더 떠서 "얘는 꼭 될 줄 알았다."고 치켜세워 주신다. 그 말씀에 정말 내가 수재라도 된 듯 우쭐거리며 그 밤의 주인공이 되었다. 검정 교복에 하얀 컬러의 전주 여중생으로써 앞날을 상상하니 흐뭇했다.

모두가 잠들었다. 자장면을 먹든, 필요한 것을 사든, 이 돈의 임자는 나니까. 내 마음대로 쓸 수 있는 돈이 생긴 것은 합격만큼이나 알찬 기쁨이었다. 바지 주머니에 손을 넣었다. 주머니에는 겉과 안을 통하는 조그만 구멍이 있는데, 평소 그곳에 무엇을 넣으면 안전했다. 돈을 넣기에는 더더욱 안성맞춤이다. 그 구멍에 밀어 넣었으니 '잘 보관되어 있을 거야.'

그런데 돈이 잡히지 않는다. 털고 뒤집고 밑단 주위를 세심하게 살펴도 돈이 없다. 그렇게 뒤지기를 몇 번, 지폐의 감촉이 아직도 손바닥을 간질거리는데 빈손이다. 한동안 잠을 설쳤다. 잃어버린 사실을 누구에게도 털어놓을 수 없는 비밀을 간직하는 것은 힘들었다. 노란 단무지와 김이 모락거리는 자장면은 입안에 침만 고이게 하고 멀어졌다.

그렇게 자장면 흑역사가 시작되었다. 결혼 후, 한참 살림에 재미를 붙여 집 평수를 늘려나갈 때다. 이삿짐차가 떠나기 전, 인부들의 점심으로 자장면을 주문하면서도 나는 먹지 않았다. 맛있고 간편해서 모두에게 사랑받는 자장면을 거부하는 별난 사람, 별난 입맛으로 눈총을 받았다.

내가 잃어버린 것은 돈이었을까. 돈이 아까워서, 자장면을 거부하게 되었을까. 어릴 때는 정말 돈이 아까웠다. 그러나 어른이 되어 필름을 되돌린다. 돈의 의미를 새겨본다. 부모님이 주신 돈에는 딸에 대한 대견함과 신뢰와 애정이 담겼고, 딸인 나는 부모에게 인정받았다는 자부심과 자존감을 갖는 소중한 마음의 증표였다. 그 증표를 한순간에 놓쳤으니, 많이 당황스러웠다.

살면서 세상사 이치를 본다. '밝음은 어둠을 동반한다.' '잃음과 얻음' 역시 짝지어 온다. 잠깐 내 손에 잡혔다 날아간 작은 파랑새의 허전함을 더 큰 파랑새가 따뜻함으로 보상을 해준 적도 많다. 잃어버린 돈도 나름의 약효를 보였다. 이후로 사물에 대한 조심성이 생겼다. 좋을 때 조심하고 한 번 더 생각하고, 확인하는 버릇을 가졌다. 덤벙거리며 놓친 것은 그때로 족했다.

오늘, 내 가슴이 아릴 정도로 사랑하는 손자가 할머니와 자장면을 먹자고 한다. 자장면과 화해할 시점이 되었다. 마음 하나 돌리면 이렇게 간단한데, 멀리 돌아온 별충의 시간이 길었다. 자장면을 사이에 두고 손자와 마주 앉는다. 쓴맛의 기억은 달아나고, 단맛이 입안에 머문다. 원래 애증愛憎은 한 끗 차이라고 하지 않던가.

징검다리

시어머님이 병상에서 손을 내미신다. 젊으실 때 기상은 어디로 갔는지 건조한 손등이 앙상하다. '지나간 세월은 흐르는 물과 같다.'고 하시면서 손을 잡으신다. 손이 따뜻하다. 어머님의 손길이 이렇게 따뜻했는데, 왜 그동안 따뜻함을 느끼지 못하고 주위만 맴돌았을까.

곧 그분의 기일이 다가온다. '돌아가시면 그때야 철들어 후회한다.'는 말이 있다. 시부모님이 살아 계실 때 별로 원만한 관계를 갖지 못했다. 시어머니를 세 번 울리고, 나는 삼백 번을 울었으니까. 그 때만 해도 옛날이었다. 중매쟁이의 속을 태우는 아들에게

"이 처자와 결혼하지 않으면 네 결혼에서 아주 손을 떼겠다."라는 강력한 경고가 주효했는지, 신랑감의 마음이 움직였

다. 그렇다고 처녀가 마음에 들지 않은 것을 억지로 했을까마는…. 아무튼 시어머니의 호감을 배경으로 석 달 만에 이루어진 우리의 결혼이었다. 부부의 연을 맺었지만 마음의 문을 여는데 힘들었다.

광주의 작은 셋방에서 신혼일기의 첫 장을 넘겼다. 4대 독자 집안에서 육 남매를 두신 시어머니는 왕관만 안 쓰셨지 내 눈에는 거의 여왕마마였다. 게다가 재태크도 좋으셔서 살림도 크게 불리고, 세 명의 자녀를 동시에 서울로 유학을 보냈으니 그 위풍이 당당하셨다. 그런 시어머니께서 우리를 보러 광주에 내려오신다는 기별이다. 냉장고는 고사하고 스티로폼으로 만든 아이스박스도 귀하던 시절이다. 하루 이틀만 지나면 벌써 설익기 시작해서 이 맛도 저 맛도 아닌 김치가 애물이었다. "김치를 조금씩 사서 먹기에 신 김치를 먹지 않는다."는 아들의 설명에 시어머니는 그만 수저를 놓아버리셨다. 독신 집에 시집오셔서 가장 큰 업적, 자손의 번창, 그것도 장남, 내 금쪽같은 큰아들에게 시장바닥의 김치를 사 먹이는 며느리, 그것을 대단한 일이라고 보고하는 큰아들. 대전으로 돌아가시는 내내 눈물바람을 하셨다.

또 있다. 아이가 유치원을 다닐 때, 자모들끼리 자연스레 옷차림이며 화장법으로 이야기를 나누게 되었다. 머리색이 유난히 검고 칙칙하다고 느낀 것은 그즈음 우리들 사이에 멋내기 염색이 유행이어서일까. 남편의 눈치를 보다 친구 따라 살짝 염색을 했다. 누구도 알아채지 못하게 아주 진한 갈색 톤으로. 그러나 어머님의 눈길은 피하지 못했다. 젊은 여자의 염색은 단정치 못한 행동으로 직결된 어머니의 사고를 헤아리지 못했다. 그것도 큰며느리가 염색을 하다니. 또 시어머니를 울렸다.

생각지도 않게 운이 좋았는지, 백일장에서 입상을 하고 부상으로 카세트가 붙은 라디오를 받았다. 기분이 좋았다. 남편도 나만큼이나 기분이 좋아보였다. 라디오를 앞에 두고 고민이 시작되었다. 우리가 가질까, 부모님에게 드릴까. 그동안 며느리에 대한 못마땅한 점도 덜어드릴 겸, 그리고, 며느리가 아주 존재감이 없는 것도 아니라는 것을 은근히 알릴 겸 시부모님께 드리는 것으로 결정을 하였다.

그러고 나서 두어 달이 지났다. 그 땐 이미 T.V가 안방을 차지할 때였지만, 시댁에 들르면 슬쩍 라디오를 찾았다. 그러나 라디오의 행방이 묘연하다. 알아보니 대학에 입학한 시누이의 어학 연수용으로 주셨다고 한다. 섭섭한 표정을 보신 시부모님께서 언짢아하신다. '동생이 가져간 것을 가지고, 그깟 라디오 하나 가지고….'

빛이 밝으면 어둠이 짙듯이, 큰며느리에게 거는 기대가 너무 컸나보다. 어떤 때는 본의 아닌 실수로 부모님의 눈물을 보았고, 잘 하려고 했음에도 소통 부재로 내 눈물을 보였다. 내 눈물과 남편의 눈물이 부모님의 상한 마음을 녹여 드리는데 많이 부족했으리라. 신체발부수지부모身體髮膚受之父母란 효 개념으로 목숨까지 버린 우리 조상들이다. 세월이 지나면 변하는 것이 생각이고 관습인데 진리인 양 갈등을 빚었다. 고정관념에 사로잡혀 소중한 인연을 덧내고 상처를 주고받았다. 체면이나 자존심보다 조금 느슨하지만 너그러움과 따뜻함이 배어나는 고부 관계였다면 좋았을 텐데, 아쉽다.

냇물은 흐르면서 서로 부딪치다 감싸고, 감싸다 또 부딪친다. 그러다 다시 아무 일 없다는 듯이 졸졸거린다. 어머님과 나도 그렇게 부딪치다 감싸고, 때론 멍 자국을 남겼지만 열심히 살았다. 다행스럽게 나도 두 아들을 낳아 기쁨을 드렸다. 고부간의 색깔은 달랐지만 그 다름을 '가족'이란 그릇 속에 용해하며 건너 온 수십 년 세월이었다.

사연을 품은 수많은 별들이 어우러져 있기에 밤하늘은 아름답다. 밝고 크게 빛나는 별을 모아 어머님과 나 사이를 잇는 징검다리를 놓는다. 징검다리 저 편이 멀다고 느껴지지 않는 건, 아마 어머님도 내 마음을 헤아리고 계실 것 같아서다. 며느릿감으로 추천해 주신 사랑, 이제야 느끼다니. 큰 그릇은 작은 그릇을 품으나, 작은 그릇은 큰 그릇을 품지 못하는 진실 앞에서 머리 숙인다.

반란

불통이다. 꽤 긴 신호가 갔음에도 인기척이 없다. 며칠 전부터 부쩍 어두워진 그녀의 얼굴이 떠오른다. 그즈음 세상이 뒤숭숭했다. 나라가 부도난다는 말이 떠돌았다. 건축 자재를 납품하는 그녀의 남편은 신용을 천금처럼 여기고 살았지만 공사대금을 받지 못하고 자신의 어음 날짜는 돌아오니 사람보다 돈이 거짓말을 한다. 막판까지 몰리다 집과 가게를 다 내놓고 종적을 감췄다. IMF는 그렇게 우리에게 다가왔다. 시간이 흐르면 기억도 희미해진다는데, 그 시절의 아픔은 아직도 불편한 마음으로 남았다.

오래 신어서 낡았지만 편해서 버리지 못하고 곧잘 신었던 구두다. 이제는 바꿔도 아쉬움이 없으련만, 나라가 부도난다는 현실에서, 지갑을 닫는다. 구두 수선집을 찾았다. 시외버스

정류장 입구에 간이로 설치된 곳을 발견했다. 안을 살폈다. 안쪽에 자리잡은 재봉틀은 얼마나 손을 탔는지 반들거리고, 두어 명 걸터앉기도 부담스런 좁은 의자는 칠이 벗겨진 채 벽에 붙어 있다. 층층의 선반에는 금방이라도 떨어질 듯 많은 재료들이 쌓였고, 한 평일까 두 평일까. 아무튼 좁다.

수선에 열중한 남자는 손님을 쳐다보지도 않는다.

"두 켤레는 굽을 갈고, 이쪽 구두는 뒤가 터졌으니 수선해 주세요."

"……."

"아저씨 들었어요?"

"아이고 귀 안 먹었어요."

알았다고 하면 될 일인데 이 남자도 어지간하다. 그리고 허리를 펴듯 그제야 눈길을 돌린다. 싸늘한 눈빛이 꽤 인상적이다. 아저씨와 그렇게 알게 되었다. 대답은 빠르지 못해도 일손만큼은 정확하고 빨랐다. 어느 날인가, 두 번 걸음하기가 불편해 기다리면서 아저씨를 지켜보았다. 본드 칠하기에 이골이 났고, 구두코에 광을 곧잘 낸다. 불질을 하면서 광을 내는데 손놀림이 기계적이며 리듬을 탄다. 왼쪽으로 서너 번, 오른 쪽으로 서너 번, 아주 야무지게 굴린다. 구두코가 아니라 아예 유리알이다.

"나는 이 일을 안 했으면 아마 빵에 가 있었을 겁니다."

슬며시 어린 시절의 이야기를 꺼낸다. 지독한 가난은 학업의 기회를 빼어갔고, 배움이 없는 그에게 좋은 일자리는 아예 꿈조차 꿀 수가 없었다. 행동대원이 필요한 건달들의 먹잇감으로 그는 최적이었다. 돈다발을 보이며 영혼을 팔라는 그들의 요구를 거부한 대가로 날아온 주먹만도 부지기수. 어둠의 독버섯은 달콤한 유혹으로 수없이 덫을 놓았다.

운 좋게 구두 닦는 이의 보조를 하며 어깨 너머로 기술을 배웠다. 고마웠다. 천직으로 생각하고 성실하게 일했다. 그래서일까, 구두 닦는 것과 수선에는 거의 장인 급이 되었다. 단골손님도 많다. 그는 봉사 활동을 나갈 때, 문을 닫는다. 독거노인에게 음식물 배달해 주기, 김장철에는 채소 나르기, 등등. 일의 종류를 가리지 않고 인력이 필요한 곳에 손을 내민다. 떳떳이 일해서 가정을 꾸리고, 어렵게 살았기에 어려운 사람의 사정을 안다는 아저씨의 말이다.

그런 이웃들의 따뜻함은 잠시였고, 나라 사정은 나아지지 않았다. 직장을 잃은 가장이 목숨을 버렸다. 국민의 안위를 책임진다고 높은 키를 자랑하던 큰 나무들이 불어오는 바람을 견디지 못하고 쓰러졌다. 튼실한 뿌리보다 허장성세로 웃자람만 했다.

작은 나무들이 바람 끝에 섰다. 아저씨 같은 서민들, 분명 작은 나무였지만 똘똘 뭉쳐 반란을 일으켰다. 얇은 호주머니라고 부끄러움을 느낄 새도 없었다. 장롱 깊이 넣어 둔 돌반지며 심지어 부모님의 유품까지 꺼냈다. 그 금붙이는, 국가 채무를 갚고 빚에서 해방되었다. 작은 나무들의 저력이 보석처럼 빛나는 순간이었다.

작은 나무들은 굳이 큰 키를 원하지 않는다. 다만 큰 나무의 그늘로 방해를 받지 않기를 바랄 뿐이다. 나 또한 작은 나무이기에 그런 생각에 동감한다. 제자리에서 제 몫을 하는 작은 나무로 만족한다. 작은 나무들은 백성이란 이름으로 아름다운 반란을 일으킨다. 옛날에도 그랬고, 지금도 그 일을 자처한다. 작은 나무가 아름다운 이유다.

아저씨를 조만간 만날 일이 있다. 지퍼가 고장 난 가방을 부탁할 거다. 낡은 것을 수선해서 쓰는 내 고집을 과대하게 인정해 주는 그와 나는 어언 이십 년 지기 친구다.

IMF의 시린 계절 내내, 바람은 유난히 거칠었고 대문짝을 심하게 흔들었다. 살기 힘들어도 햇빛은 어제처럼 빛났고, 그믐달은 잊지 않고 떠올랐다. 나는 한 친구를 얻고 한 친구를 잃었다. 소식 없는 절친의 안부를 기다리며 식은 커피로 목을 축인다.

불편한 진실

섣달그믐인데도 아버지는 아직 들어오지 않으셨다. 지금 생각해 보니 가끔 통금 직전에 귀가하신 기억이 난다. 그런 날에는 폭음으로 인해 몸을 가누지 못했고, 알 수 없는 분노를 표출했다. 아버지의 얼굴에 드리워진 암울함을 열 몇 살의 나이로는 헤아리기 어려웠다. 게다가 부모님 두 분이 나누는 대화는 너무 작았고, 때론 일본어를 섞으니 더 알아듣지 못했다. 나 역시 학교생활로 바빠 아버지의 어려움을, 아니 집안의 어수선함을 알지 못했고, 그저 '어른들의 세상은 복잡한가 보다.'라며 지나쳤다.

아버지의 월급날은 우리 가족의 경제가 풀리는 날이었다. 어머니의 살림 규모는 철저했기에 완급을 조절해서 지출했다. 그래도 어머니를 설득해서 일정액의 용돈을 타낸 딸은 나 혼자였다. 그러므로 아버지의 월급은 곧 나의 월급날이기도 했다.

"또 왔습딥까."

"……."

"참말로 징하당게."

"……."

누가 왔길래…. 아버지는 침묵으로 일관하고 어머니는 징하다면서 혀를 찼을까. 나중에 들어서 알았다. 아버지의 사촌 형님 한 분이 월북했다. 우리는 얼굴도 모르고 집안에서 쉬쉬하니 알 도리가 없었지만, 6·25사변을 겪으며 사상 문제는 곧 살생부로 이어졌다. 반공을 국시로 삼은 대한민국에서 가족 중에 월북자가 있다는 것은 사회생활을 포기해야 할 만큼 위험한 데드라인이었다. 병역 기피, 부역, 사상범, 연좌제, 신원 조회 어린 내가 이해하기에는 너무나 난해한 사회의 법이었다. 취직해도 신원 조회가 끝나야 숨을 제대로 쉬는 때였다. 밉보이면 그대로 좌익으로 몰렸고, 좌익은 빨갱이를 의미했고, 빨갱이는 우리의 원수였고 원수는 살아남지 못한다는 사고방식이었다.

사촌 형님, 그러니까 내게는 아저씨뻘이다. 아저씨는 일제강점기에 일본 유학을 다녀오시고 군내에서도 소문이 자자한 영재였다. 그런 분의 행방이 월북으로 확인되니 사찰계 형사들이 가족들을 닦달하는 것은 당연했다. '연락 온 것 없나, 국내로 잠입하지 않았나?' 때맞춰 형사들은 아버지의 월급날에

세금 계산서처럼 찾아왔다. 정보 수집이라는 서슬로 월급을 가로챘으니, 용돈을 모아 학습 자료를 사려던 나의 계획은 기약도 없이 밀려났다.

그들도 안다. 우리 아버지가 시골 부농의 자제고, 그 당시 고보를 졸업하고, 안전한 직장이 있고, 게다가 가장 중요한 문제, 사상적으로 절대 좌익이 될 수 없을 뿐만 아니라, 실제로 아니다는 것을. 그들은 알고도 모르는 체, 형 문제를 빙자해서 아버지의 자존심에 견디기 힘든 비루함과 초라함을 안겼다. 잘못 삐끗하면 가혹하게 나락으로 떨어지는 전쟁 뒤끝은 살벌했다. 가정을 지키는 방법은 맞부딪치는 것보다 참고 또 참을 수밖에 없었음을 아버지는 인지하셨을 거다. 어머니께서 또 왔냐고 물었던 불청객은 바로 사찰계 형사였다.

형을 부정하기에는 핏줄이 혓바늘로 돋아 입안을 헐게 했다. 자식도 마음대로 안 되는 세상에 형의 행보를 어찌 알 수 있냐고 항변하지만, 좌우익의 잣대 앞에서는 무의미했다. 적당히 타협하는 자신이 싫었기에 그토록 폭음하셨나 보다. 월북자 친척을 둔 아버지의 비애였고 우리 집의 걸림돌이었다. 집안의 명맥을 잇기 위해 국군과 의용군으로 나갈 수밖에 없던 당시에는 형제도 편이 갈렸다. 그런 살얼음판에서 더 나쁜 자들은 가정의 아픈 곳을 헤집고 약점이라도 잡은 듯, 을러대는 사람들이었다. 월북한 아저씨도 원망스럽지만 약점 아닌 약점을 물고 늘어지는 형사들의 행태는 비겁하고 집요한 거머리

같았다.

우리 밭을 경계로 고리산의 등성이가 시작된다. 가파른 산세임에도, 반듯하고 실하게 자란 전나무가 빽빽하다. 한데 언제부터였나, 고사한 나무가 눈에 띈다. 한눈에 봐도 주범은 바로 칡넝쿨이다. 고무줄만큼 가는 칡넝쿨은 요술을 부리듯, 우뚝 선 전나무를 빙글빙글 감더니 순식간에 꼭대기까지 점령한다. 대형 보자기라도 펼친 듯 무성한 칡덩굴이 나무를 감싼다. 한 줄기의 햇빛도 받지 못하고, 그해 여름을 보냈다. 생명 줄인 광합성 작용은 이미 물 건너갔고, 온몸이 뒤덮였으니 숨을 쉴 수가 없다.

칡은 성장이 빨라 한철에 18m까지 자라고, 타고 올라갈 나무가 없으면 땅바닥을 기며 번져 나간다. 줄기 껍질로 밧줄이나 갈포를 만들고, 꽃과 뿌리는 약, 또는 구황식물로, 잎은 가축의 사료나 퇴비로 썼다. 혹자는 연보랏빛 칡꽃의 아름다움을 말하는데, 주위의 나무들과 상생하지 못하는 칡을 나는 용서할 수가 없다. 사람 사이에도 존중이 필요한 것처럼 나무도 서로 존중하고 배려하는 공간이 필요하지 않을까. 성한 나무를 에워싸서 죽이는 칡을 더는 두고 볼 수가 없어, 이른 봄, 밑부분을 자르고 제초제를 듬뿍 발랐다.

나무를 휘감았던 곳곳의 칡 이파리가 손만 대면 힘없이 툭툭 떨어진다. 바짝 말라 초라하기 그지없다. 그렇게 기승을 부리더니, 다 끝이 있구나. 월급날 찾아오던 그 형사도 저 세상

사람이 되었음을 짐작해 본다.

불안한 사회의 갈등 속에서 본질을 잊고, 생존을 위해 거머리가 되고 칡넝쿨이 될 수밖에 없었던 불행한 시대의 불쌍한 사람들이었다. 거머리와 칡넝쿨과 전나무가 뒤엉킨 세상에서 반듯하게 서 있는 것을 기대하는 것은 무리였다. 옳고 그름을 판가름하기에는 우리 모두가 서툴렀다. 특히 사상의 이념 앞에서는 더욱더 그랬다.

해방 후 칠십여 년, 핏물로 얼룩지던 이념 논쟁도 달빛에 퇴색했는지, 남북 정상이 백두산 천지에서 파안대소하는 사진이 뉴스를 장식한다. 노을이 아름다운 것은 유한함 때문일 것이다. 아버지를 지켜 본 딸의 세대도 얼마 남지 않았기에 아쉬움이 더 크다.

같은 역사의 되풀이는 어리석다. 어두운 과거에서 벗어나길 소망한다. 기억하고 싶지 않은 옛일을 떠올리는 것, 그것조차 왠지 서글프다. 아버지의 고통을 지켜본 딸이지만 별 도움을 드리지 못했다. 불편한 진실 앞에서 침묵했고 외면했다. 이런 회한을 녹이고 싶어 글 쓰는 걸 택했는지 모르겠다.

또파이

전쟁의 상처가 채 가시지 않은 반세기 전이다. 당시, 광주 기독병원에는 선교사이자 치과의사인 닥터뉴스마가 재직하고 있었다. 그는 수련병원이 부족한 한국의 치과의사들에게 이론과 실기를 겸비한 수련의 과정을 도와주었다. 고맙게도 그 혜택을 남편이 받을 수 있었다. 인턴 시험을 통과하면서 결혼을 했기에 나도 덩달아 새내기 인턴 부인으로 신혼을 맞았다.

병원이 있는 양림동은 광주에서도 변두리다. 선교사들은 발전된 번화가 보다, 도심을 비켜 난 언덕이나 작은 야산에다 병원을 세운다. 수련의들에게는 닥터뉴스마가 병원에서 가르침을 주고, 그의 부인은 우리들에게 영어와 뜨개질, 서양 요리를 가르쳐 주었다. 그녀의 집을 방문해서 배우는데 쉽지 않았다. 갓난아기를 안고 선교사들이 사는 동산을 올라가는 것은 아기나 나나 땀깨나 흘렸으니까. 영어와 요리를 배우는 일보다 더 중요한 것은 내가 인턴 부인으로 성실하다는 인식을 주는 일이라고 생각했다. 나름 그것도 내조의 한 방편이라 생각하면서 아기와 함께 오르내렸다.

그런 세월도 흘러 아들이 아장 아장 걷기 시작했다. 뉴스마 선생님 부부는 한국 어린이를 입양했지만, 대전외국인학교에 재학 중이어서 집에는 아이가 없었다. 집에는 풍경을 담은 액자와 조각품이 있는데, 아들이 잡고 일어설 위치에 그 작품들이 진열되어 있었다. 아들이 이것을 깨거나 흩뜨려 놓지 않을까 신경이 쓰였다. 부인의 배려가 깊었지만, 아이 엄마인 나는 마냥 조심스러웠다.

동료들이 장소를 돌아가면서 하자는 의견을 냈다. 물론 그녀도 오케이였다. 드디어 우리 집 순서가 되었다. 새벽부터 일어나 청소하고, 간식을 챙기며 정성껏 손님 맞을 준비를 했다. 그때 세 살인가, 이제 막 말을 배우기 시작한 아들에게도 단단히 주의를 주었다. 점잖게 앉아 있어야 한다고.

주인집 아주머니가 특별히 안방 마루를 내어주어 편안하게 학습의 장을 벌렸다. 반가운 인사가 끝나고 수업을 진행하는데, 아들 녀석이 냅다

"또파이. 또파이."

"에이 또파이, 또파이야."

뉴스마 부인 옆에서 꼼짝 않고 또파이만 외친다. 평소에 엄

마한테 똥파리란 말을 들었으니, 녀석은 그대로 흉내를 낸다.

"에이 또파이야."

내가 세 든 집은 마당이 정말 손바닥만 했다. 병원과 가깝다는 이점으로 얻은 집인데, 대문 바로 옆에 화장실이 있고, 마루에서 보면 마당, 화장실, 대문이 한 눈에 다 들어온다. 지금이야 주거가 아파트로 바뀌었고 화장실에는 양변기와 질 좋은 휴지, 비데를 사용해서 그야말로 화장化粧을 해도 될 만큼 바뀌었지만 그 시절의 화장실은 거의 푸세식이었다. 평소에 파리가 눈에 띄면 화장실을 탈출한 놈인지 어디에서 날아온 놈인지 정체를 알 수 없으나, 손오공의 여의봉보다 더 잽싸게 파리채를 날리며 한마디를 남겼다.

"에고 이 똥파리야. 똥파리."

어렵기만 한 사모師母 앞에서 똥파리를 외치는 아들에게 입을 다물라고 눈치를 주어도, 마치 제 할 일은 이 서양 아줌마의 몸에 똥파리가 내려앉는 것을 막는 수호천사나 되는 것처럼 요지부동이다. 게다가 그녀가 아들에게 선물한다고 이리저리 크기를 대보면서 재킷을 짜고 있으니, 녀석의 기분은 이미 붕 떴다.

"또파이, 또파이."

드디어 아들의 발음을 알아챈 동료들의 웃음보가 터졌다. 파리라고만 외쳐도 좀 낫겠는데, 어설픈 발음으로 똥파리를 외쳐대니 난감했다. 솔직히 우리도 청결한 위생 습관을 갖고 있음을 보이고 싶었다. 적어도 똥파리의 출연만큼은 막고 싶었는데, 파리의 기습에 두 손 들고 말았다.

'또파이'가 뭐냐고 그녀는 묻지 않았다. 한국말이 서툴러도 또파이가 똥파리라는 것은 알아들었으니까. 그런데도 똥파리가 날아다니는 한국에서 우리와 똑같이 먹고 마시며 봉사의 삶을 살았다. 사람이 다 발자취를 남기는 것은 아니다. 더러는 비바람에 휩쓸리고 때로는 시비에 휘말려 진위를 의심받기도 한다. 그러나 뉴스마 선생님 부부는 바람직한 발자취, 봉사의 발걸음으로 의료계뿐만 아니라 주위 분들에게 깊은 감동을 주었다. 미국에서 가져 온 치과 재료를 환자 치료와 실습에는 아낌없이 제공하면서도 이면지를 사용하는 등, 근검절약의 삶을 살았다. 무의촌 주민에게 치과 치료를 계속 진행하며, 생활 속에서 하느님을 증언했다. 스승의 학문과 정서를 받아들이던 젊은 의사들에게 뉴스마 선생님은 영원한 사표師表였다.

한 알의 씨앗이 아름드리나무를 키워내듯, 선생님의 뜻이 열매를 맺어 제자들은 한국 치과계의 밑거름이 되었고, 그분의 뜻을 이어가고 있다. 돌아가실 때까지 변함없는 열정으로 한국을 사랑하고, 한국인을 사랑했다. 몇 년 전, 미국에서 두 분의 유해를 모셔와 지금은 기독병원 내 선교사 동산에서 영원한 안식을 취하고 계신다.

내 나이 스물여섯 살, 모든 것이 새롭게 바뀐 벅찬 날들이었다. 낯설고 어려웠지만 남편을 믿고 나 자신을 믿고 주부의 첫발을 떼었다. 4대 독자의 시댁에 손자를 안긴 광주의 단칸방, 그곳이 그립다. 세월은 사람을 성숙시키는 지혜를 보인다. 연탄불이 꺼져 이불을 덮고도 아이와 떨던 겨울밤의 시린 기억도, 똥파리로 땀을 뺐던 기억마저도 이제는 웃음으로 말할 수 있는 여유가 생겼으니까. 오래된 것들에 축적되는 것은 시간만이 아니었다.

언제 여기까지 왔나, 그때로부터 너무 멀리 와 있다. 다시 돌아갈 수 없는 스물 몇 살의 젊은 날들, 그것은 내게 온 행운이었다. 뿌리를 내리고 한 그루의 나무로 성장하기 위해 부단히 흙과 타협했고, 몰아치는 비바람을 감내했다. 그러나 그런 것들이 모두 내 힘만으로 되었을까. 분에 넘치게 과하게 받은 사랑이었음을…. 뒤늦게 깨닫는다.

부끄러움

세월이 흘렀음에도 잊히지 않는다. 텅 빈 연습실에서 어둠이 내릴 때까지 혼자서 춤을 추었다는 그녀의 말이. 무엇이 그녀를 잡아끌었기에 그렇게 오랫동안 춤 출 수 있었는지, 묻지 못했다. 종일토록 춤사위에 빠진 그녀의 매력에 이미 반해 버렸으니까. 사람들은 동류항으로 가까워지기도 하지만 전혀 공통점을 찾지 못하는 이질감 속에서도 끌리는 뭔가가 있나 보다. 한순간이라도 그녀처럼 자신을 잊고 몰입하는 열정에 빠지고 싶다.

학창 시절 시험 기간이 되면 남들은 도서관이다, 공부방이다 나름대로 시험 준비를 하지만 난 일을 사서 한다. 어질러진 서랍 속이 새삼 신경에 거슬리고, 벽면에 걸린 옷가지는 지금 당장 빨지 않으면 안 되는 것처럼 다급해진다. 정작 해야 할

공부는 뒷전으로 미루고 책상 정리와 빨래로 시험 전날을 마무리하면 몸은 적당히 피곤해진다. 이럴 때 책을 편다. 현실을 피하는 나의 비겁함이 여지없이 발휘되는 순간이다. 적당히 넘어가려는 무던함이 장점으로 작용하면 좋으련만 세상일은 그렇게 만만하지 않으니 문제다.

며칠 전이다. 긴 겨울의 무채색이 지루했다. 식탁보라도 바꿔볼까. 시장에 나갔다. 사이즈를 넉넉히 쟀다. 200센티미터면 충분한 길이다. 맘 좋아 보이는 주인은 내가 말한 수치에서 두어 뼘을 넘겨 가위를 들이댄다. '주욱' 소리와 함께 꽃무늬 천이 떨어진다. '내가 잰 것으로 충분합니다.' 사양의 말은 입 속에서 모래알처럼 퍼져버리고 주인의 선심을 받아 챙겼다.

이천 원을 주고 식탁보의 가장자리를 처리하니 천 조각은 아름다운 식탁보로 변신한다. 모처럼 나간 장터에서 골고루 장보기를 했다. 싱싱한 생태 두 마리와 겉절이 감으로 봄동과 풋마늘을 사고 철 이르게 나온 후리지아 꽃도 한 묶음 샀다. 결코 가볍지 않은 무게임에도 발걸음이 가볍다. 집에 가서 겨울을 걷어내는 일만 남았다.

식탁의 유리를 들어낸 김에 말끔하게 닦으니 마음은 벌써 봄이다. 마치 새 식탁보가 봄이라도 달고 오는지 작은 꽃무리가 처음 살 때보다 훨씬 화사하게 어우러진다. 이리저리 당기면서 균형을 잡는데 하 수상하다. 아, 어쩌나? 생각보다 길게 늘어진다. 길이가 맞지 않으니 큰옷을 입은 것처럼 눈에 설다.

딱 두 뼘 길이만 없으면 황금비율인데…. 거절하지 못한 나의 소탐小貪이 또 문제다. 잘라 내야 할까, 아니면 그냥 눈 딱 감고 사용할까. 짧아서 아쉬운 봄날에 작은 욕심으로 마음이 심란하다.

왜 나는 작은 것에 자유롭지 못하고 가끔 낭패를 보는가. 한때, 사은품을 열심히 챙겼지만 결국은 사용도 못 하고 폐품 처리했다. 알뜰이란 명분으로 손안에 쥔 것을 놓질 못한다. 내 살아서 나누면 정으로 기억되는데 유품으로 남기면 누가 귀하게 쓸까. 생활 속의 소소한 욕심은 나를 속되게 하고 부끄럽게 만든다.

그뿐인가, 음식도 많이 만든다. 두 식구 먹거리 재료는 어쩐지 시답잖아 보인다. 맛도 덜한 것 같고 음식 만드는 것 같지 않아서 양을 많이 하다 보면 결국 남은 음식으로 곤욕을 치른다. 핵가족이면서 생활은 아직도 대가족 습관을 버리지 못한다. 무소식이 희소식이라고 하면서도 자녀들의 전화벨을 기다린다. 나의 이중성이 얄궂다. 내 한가로움에 그들을 줄 세우려 하니, 바쁜 젊은이들의 사고에 미치지 못한다. 그 또한 경우가 아님을 알면서도 혼자서 사랑앓이를 한다.

이웃에게 부담 주지 않는 세련된 사고방식을 가졌던 그 옛날의 친구를 떠올린다. 그녀라면, 이렇게 작은 것에 연연하는 미운 할머니가 되지 않았을 텐데. 새삼 그녀의 지혜가 부럽다. 움켜쥘수록 흘러넘치니 힘을 빼라고 알려줄 것이다. 이 나이에도 친구의 조언을 필요로 하다니, 그것도 부끄럽다. 자유로운 영혼을 구가하며 혼신으로 춤을 추던 그녀의 홀가분함이 부럽다.

생각과 습관을 바꾼다는 것이 쉽진 않다. 봄볕이 따스하게 느껴지는 것은 찬바람 속을 뚫고 비치기 때문일 것이다. 때맞춰 변하는 자연의 섭리가 고마운 것은 구질구질한 생각들을 털어내는 전환점이 되기 때문이다. 뜰 안의 작은 나무도 움을 틔우기 위해 추운 날을 견디지 않는가. 보호색을 띠고 체질이 돼 버린 욕심 덩어리를 내려놓는다. 밝히고 싶지 않은 많은 부끄러움도 함께 던진다. 오늘과 다른 내일을 결정하는 것은 내 몫이다.

겨울을 보내야 꽃이 피듯, 내게 필요 한 것은 진한 담금질이다.

낮은 곳에 머문 사랑

회자하는 이야기로 학창 시절에는 〈국영수〉, 노년에는 〈예체능〉이란 말이 있다. 굳이 노년의 대비까지 들먹이지 않아도 건강을 도모하고 재미도 있는 취미 생활을 찾다보니 스포츠 댄스를 접하게 되었다. 쿠바의 민속 음악과 스페인의 정열적인 멜로디가 결합하여 정靜과 동動을 동시에 품은 라틴 및 모던 댄스는 동서양을 막론하고 사람들에게 많은 사랑을 받고 있다. 파소 도블레를 포함, 다섯 종목의 루틴을 익히니 담당 강사님이 갈라쇼에 공연할 작품을 준다. 완전 우리만을 위해서 안무를 했기에 그 의미가 크다. 그러나 아직은 수줍은 아마추어 댄서다.

처음 댄스 슈즈를 보았을 때, 가슴이 설레었다. 금빛 표면은 유난히 반짝이고 비즈의 오색영롱함은 찬란해서 눈이 시렸다.

게다가 늘씬한 굽으로 모양새를 갖추니, 거의 신데렐라 구두였다. '한번이라도 이런 구두를 신어 봤으면…,' 했는데 꿈이 이루어져 구두를 갖게 되었다. '장미에 가시가 있다.'는 말은 차라리 진부했다. 신데렐라의 구두는 도도했고 신고식은 혹독했다. 발등과 슈즈가 맞닿은 면에 앞쪽으로 쏠리는 체중의 마찰로 인해 부어오른다. 상처에 핏물이 맺히고, 붓고 가라앉기를 반복하더니 결국 딱지가 되어 뚝살로 마감을 한다. 슈즈는 댄서의 발을 보호하는 중요한 도구인데, 245밀리미터의 마당발을 신데렐라 구두에 맞추는 것은 처음부터 무리였다.

예쁜 슈즈를 신고 싶은 욕심은 여자들의 로망이다. 그러나 세상일이 고루지 않듯이, 사람마다 제각각 발의 특징이 있다. 발볼이 넓은 것은 그렇다 치더라도 엄지발 밑에 돋아난 옹이는 새 신발에 유난히 낯가림을 해서 짝을 쉽게 찾지 못한다. 겉의 화려함과 디자인에 반한 슈즈는 발등이 조이고 생채기를 남기며 이별을 고한다. 어떨 때는 기적처럼 발에 맞는 슈즈를 만난다. 그러나 대체로 슈즈가 문제였다. 발에서 일회용 밴드가 떨어지지 않을 때는 감히 맨발의 이사도라 던컨을 떠올리며 헛웃음을 짓기도 하면서.

내 몸에 맞는 사용 설명서라는 말처럼 '무엇보다 구두는 제 눈에 안경이어야 한다.' 일반 구두는 양말이라는 완충 지대가 있어 불편을 참고 잠깐씩 신은 적도 있다. 그러나 댄스 슈즈는 맨발에 착용하기 때문에 찰떡궁합을 요한다. 슈즈를 갈아신는 것이 마치 부부의 연을 맺는 것처럼 인내심을 요했고, 서로 조율하는 시간이 필요한 것처럼 발과 슈즈의 적응 기간이 필수였다.

그동안 경험에 의해 맞춤을 고수한다. 슈즈에 발을 맞추든지, 발에 슈즈를 맞추든지, 적잖은 고생 끝에 길이 들어 편해지면 또 다른 나의 분신이 된다. 그래서일까, 처음의 고생은 야속하게 잊고 적당히 늘어난 낡은 슈즈를 보물 취급한다.

댄스는 파트너와 함께 추는지라 무엇보다 호흡이 중요해서 컨디션을 조절하는데 주안점을 둔다. 혹시 마음이 상하기라도 하면 맞잡은 손길이 민망하고 어색해서 멋쩍으니까. 동호회에서 파트너가 순번으로 바뀔 때는 슬쩍 남편의 표정도 살핀다. 그러다 발을 헛짚기도 하면서. 평소의 허물없는 노부부는 어디로 가고 연인처럼 설렌다.

다시 슈즈를 교환할 때가 되었다. 익숙함과 낯섦, 두 켤레의 슈즈가 선택을 기다리고 있다. 아직은 새 슈즈의 낯선 냄새보다 내 발처럼 형태가 넓적하게 변형된 낡은 슈즈의 땀내가 더 정겹다. 언제 이렇게 나를 닮았는지, 마치 자화상을 보는 듯해서 헤진 슈즈를 선뜻 버리지 못했다. 그래도 언젠가는 이 정감情感마저 무거워 버릴 날이 오겠지만.

발에 맞추느라 애환이 서린 슈즈. 모양새도 흐트러지고, 외피도 벗겨져 후줄근해진 슈즈를 보니 그동안 말없이 지켜준 남편과 참 많이도 닮았다. 때론 구심력을 잃어 멀리 달아나는 나를 꼭 잡아준 파트너, 스텝이 엉키거나 턴이 서툴러 비틀거릴 때도 서두르지 않고 지켜준 파트너. 고마움이 어찌 여기까지일까. 뾰족하게 날선 새 슈즈보다 더 빳빳했던 기상은 사십여 년의 세월 속에 할퀴고 닳아져 많이 부드러워졌고, 측은지심이 촛불속의 심지처럼 뿌리를 내릴 때, 우린 이인삼각이 되어 삶의 파도를 함께 넘었다.

어제는 남편이, 오늘은 내가 그의 발을 편하게 감싸 주리라. 머리에서 찾던 사랑을 발밑에서 발견하다니…, 너무 오랜 세월 숨바꼭질을 했나 보다. 사랑은 왜 꼭꼭 숨어 낮은 곳에서 머물렀을까.

신화의 땅, 이스탄불

반도를 뱅 돌아서 이스탄불로 들어왔다. 카파도키아가 자연이 만든 유적지라면 이스탄불은 사람이 만든 유적지다. 이곳에 교황과 술탄이 존재했다. 거대한 두 종교가 뿌리를 내렸으니, 신앙적, 역사적 의미가 크고, 두 종교의 유적도 많다.

광장에 우뚝 선 오벨리스크가 눈길을 끈다. 이집트의 투투모스 3세가 태양신에 바친 비문이 새겨있지만 이슬람에게는 그리 큰 의미가 없다. 진상품인지, 전리품인지, 기세등등했던 오스만의 위용만 뽐낼 뿐이다. 비문의 내용보다 그 시절에 이걸 어떻게 이곳으로 옮겼나, 나는 그것이 궁금했다.

성 소피아 성당은 적갈색의 건물로 동로마 시대에는 그리스정교의 본산지였다. 돔은 지상으로부터 55미터의 높이다. 입구의 그림에는 비잔틴의 황제 레오 6세가 무릎을 꿇고 예수님께 간절히 간구하고 있다. 예수님 양 옆으로 성모 마리아와 가브리엘 천사의 모습이 보인다. 황제는 무엇을 간구했을까…. 천장에는 아기 예수님을 안은 성모님이 격변의 세월 속에서도 선명한 모습으로 자태를 드러낸다. 내부의 성화뿐만 아니라 장식 부분이 모두 금칠을 했다. 화려함과 정교함이 시대를 초월해서 극치極致미를 보인다.

콘스탄티노플은 이슬람의 승리로 이스탄불이 되고 소피아 성당의 영광도 끝났다. 오스만제국은 이곳을 파괴하지 않고 회칠을 했다. 그 덕분에 현재의 사람들이 볼 수 있다. 그들이 문화적으로 무자비하지 않았다는 긍정의 점수를 받는데는 그들보다 훨씬 앞선 완숙한 건축물을 감히 파괴할 수가 없었나보다. 예수님과 사도들의 모습, 이슬람 경전이 모자이크화와 프레스코화로 보존되어 공존한다.

예레바탄 지하 창고는 궁전이라는 말을 헌사해도 아깝지가 않다. 물이 귀한 땅이다. 물은 생명이었다. 지하로 내려가니 섬뜩할 정도로 한기가 느껴진다. 300여 개의 기둥이 떠받치고 있다. 희미한 조명 속에서 차가운 물방울이 머리 위로 떨어지니 섬뜩하다. 질척거리는 바닥 안쪽으로 메두사의 머리가 보인다. 눈을 보면 돌로 변한다는 전설로 가장 안쪽에 숨겨 놓은 듯하다. 불빛에 비친 얼굴이 요사스럽다. 뉘여 놓아서 눈을 마주칠 수가 없어 다행이다. 돌 문화가 번성했던 시절에 사람만큼은 무엇과도 바꿀 수 없다는 인간 존엄의 의미로 해석된다.

그러나 정작 오스만 제국은 고여 있는 물은 죽음이라고 이 공간을 사용하지 않았다고 한다. 역시 초원을 달렸던 유목민의 후예다.

돌마바흐체 궁전 정문에는 보스포러스 바닷물이 넘실거린다. 사절단은 줄지어 술탄을 알현했다. 달도 차면 기우는 진리는 제국의 역사에도 예외는 아니었다. 제1차 세계대전에 패배, 케말 파샤의 혁명으로 제국은 멸망하고, 터키공화국으로 바뀌었다. 돌마바흐체 궁전 건립에 들어간 재정으로 오스만 제국이 휘청거렸다는 설도 있지만, 산업화의 물결을 읽지 못한 술탄의 책임이 더 크지 않을까.

트램으로 이동하면서 목격한 일인데 남자들의 머리에 메스 자국이 보이고, 감싼 붕대가 벌겋다. 주먹패인가. 간밤에 패싸움이라도…, 불똥 튈라 시선을 외면한다. 요즘 터키에서는 모발 이식이 유행이니 놀래지 말라는 설명이다. 구레나룻이 멋진 터키 사람들에게 탈모는 치명적인가. 많이 아플 텐데…, 핏자국을 아랑곳하지 않고 오스만의 후예는 늠름하게 머리에 칼을 댄다.

'테오도시우스의 성벽'. 1453.5.29. 숫자의 의미는 교황과 술탄의 운명이 바뀌는 순간이었다. 오스만 제국의 자존심이며 영광의 부적이리라. 1453년 5월 29일 비잔틴 제국을 멸망시켰으니까. 그 전쟁터를 재현해 놓은 원형극장이다.

전쟁터를 나오니 귀가 먹먹하고 눈이 어릿어릿하다. 내가 전쟁을 치른 듯 온 몸이 기진한다. '터키식 커피'를 주문했다. 커피 가루를 넣어 함께 끓였기에 찌꺼기가 잔에 남는다. 동, 서양의 장점, 쉽고 빠른 편리가 이런 '터키식 커피'를 탄생시켰나, 찌꺼기를 삼키지 않으려고 천천이 마신다. 삶에는 한 박자 쉬어감이 필요한 것처럼.

끝으로 캬라반과 낙타가 묵었다는 숙소를 보았다. 낡은 건물은 대상들의 피곤이 덕지덕지 묻어있고 숙소는 침침하고 퀴퀴했다. 별을 헤이며 걷는 캬라반들은 새로운 길을 냈고, 도시를 만들었다. 도처에 위험이 도사렸고, 목숨을 잃는 것이 다반사였다. 가장이 먼 길을 떠나면 남은 아낙의 속은 얼마나 탔을까. 그리스도교, 이슬람교는 중요하지 않다. 그들에게 기도는 숙명이었다.

터키 사람들은 친절했고, 소박했다. 터키인들의 조상은 돌궐족의 후예로써 서쪽으로 남하하면서 세력을 넓혔고, 중동 지역을 지나며 이슬람교를 받아들이고 오스만 제국을 세웠다. 한국에 대한 인식은 그 옛날 자신들의 조상인 돌궐을 도와준 형제의 나라라고 교육한다. 6.25 동란 시 참전국이란 의미의 혈맹보다 훨씬 뿌리가 깊다.

터키의 역사와 유적을 며칠 사이에 이해한다는 것은 어려웠다. 긴 역사만큼 긴 시간이 필요하다. 기회가 되면 다시 찾겠다. 아나톨리아 반도는 신화를 간직했고, 신화의 땅임이 분명하다. 그러나 그 신화는 재앙 속에서 오랜 세월을 버텨낸 인간의 흔적이었다.

결국 자연을 이기는 인간은 없었다. 인간은 자연에 순응하면서 도전하는 용기를 가졌을 뿐이다. 돌고 도는 자연의 순리처럼 사람의 인연도 돌고 돌았다. 제국의 위세도, 남, 여 간의 불꽃 튀는 사랑도, 다 한순간인 걸 부인할 수 없다. 허물어진 돌무더기에는 영화榮華도 사랑도 지나간 과거였다.

4부

흔들리다
바람의 고비
연줄
은서
불꽃으로 살다
이방인
어찌 단풍만 붉으랴
기적 소리만 남기고
흑백 사진 두 장
아마추어 마라토너
무뎌진 감성이 두렵다

흔들리다

단독주택으로 주거를 옮기면서 한동안 낯설었다. 어지간한 불편 사항은 관리실에서 다 해결해 주는 아파트를 떠나니 사소한 것도 내 손으로 하지 않으면 안 되었다. 편함에 익숙해진 손과 발이 덩달아 피곤을 호소한다.

도심을 가르는 대동맥이 집 앞을 통과한다. 왕복 8차선이니 넓다. 큰길가에 집이 있으니 집값이 꽤 나갈 거라는 주변의 짐작은 짐작일 뿐 현실은 그렇지도 않다. 그래도 대로변이라 시야만큼은 활짝 트였다. 열을 지어 반듯하게 서 있는 가로수의 변화에서 느껴지는 생명력이 큰 선물이라면, 때론 물결처럼 밀리는 차량의 체증으로 어지럼증을 안기기도 한다. 큰길을 빗겨난 골목길의 대문 앞은 아예 주차 공간이 되었다. 길 양쪽으로 주차된 좁은 길에서 깻잎 한 장 틈새로 교차하는 운전자를 보면 거의 신기에 가깝다. 어느 날은 서로 양보도 잘 하는데, 어느 날은 한 치도 물러서지 않고 머리를 들이민다. 마치 뿔이 엉킨 염소처럼.

그런데 이건 또 뭔가. 골목 안을 훑고 지나가는 오토바이족의 무례함이다. 판촉 명함을 잽싸게 뿌리고 달아나는 사내는 골목 안을 쓰레기통으로 만드는 주범이다. 사내가 던진 명함 쪼가리를 살피니, 돈을 거저 줄 것처럼 '따지지도 않고 대출ok' 라고 쓰여 있다. 게다가 편치 않은 일이 또 있다. 담배 냄새가 가끔 대문가에 맴돈다. 도대체 누가 남의 집 대문 앞에서 담배를 피운단 말인가. 골목길에 위치한 대문이라 누굴 탓할 수는 없다. 그러나 사라졌다 다시 모락거리는 냄새가 신경을 자극한다. 조만간에 담배 피우는 사람을 발견하겠지. "이곳은 대문 앞이니 좀 피해 달라."고 말할 작정이다.

가로등이 켜지는 저녁 무렵, 외출에서 돌아오는 길이다. 골목길에 접어들자, 담배연기가 코끝을 자극한다. 그동안 나를 화나게 했던 흡연자와 맞닥뜨릴 때다. 행인을 가장한 발걸음으로 천천히 담뱃불 곁을 스친다.

"야, 오늘처럼 힘들면 못 살 것 같다. 다 때려치우고 싶다." 그는 누군가에게 하소연을 하고 있었다. 내가 그렇게 싫어하는 담배 연기를 날리면서. 영업 성과를 내지 못했나, 회사에서 잘렸나? 추측하기는 어렵다. 그러나 '살기 싫다'는 말을 들으니 가슴이 철렁한다. 일없이 남의 집 대문 앞에서 흡연하는 사람,

거의 불량한 사람일 거라고 평소에 예단했던 마음이 부끄럽다. '많이들 힘들구나, 그래 그렇구나.' '대문 앞 금연'을 말하려던 마음이 허물어진다. 흔들린다. 어쩌면 내 아들도 저 젊은이처럼 도시의 그늘 속에서 그의 젊은 날을 위로 받고 있을지도 모르는데. 저 담배가 도움이 될까, 된다면…. 불안하게 그의 손에 잡힌 담배가 오히려 든든해 보인다.

학창 시절 미술 시간이다. 성의껏 그린 내 그림보다 쓱쓱 그린 정말 성의가 없어 보이는 친구의 그림에 선생님은 좋은 점수를 주셨다. 그리곤 설명하시길 '사물을 여러 면에서 살피고 그린이의 개성이 돋보인다.'라고 칭찬을 했다. 새삼 세상사에는 여러 가지의 경우가 있음을 본다. 담배의 해로움에 이맛살을 찌푸리는 사람도 있고, 어떤 사람에게는 위로해 주는 친구가 되기도 하고.

바람은 동쪽에서도 불고 서쪽에서도 분다. 담배 연기는 바람결 따라 사방으로 흩어지나니, 설령 내 집 문가에서 잠시 머문다 한들 하루가 힘든 젊은이의 어려움에 비할까. 끝이라고 생각하는 바닥에서 다시 한 번 힘껏 뛰어오르라고, 젊은이의 등을 다독여 주고 싶다. 젊은이의 고충을 말없이 들어주는 골목 안은 휘황한 불빛에 가려 어둡다. 그러나 어둠이 가시면 날이 밝듯, 절망 속에도 희망의 꼬투리가 숨어 있기에 우린 내일을 기다린다.

담배에 결코 너그럽지는 않다. 그래도 혹 누가 아는가, 오늘과 달리 내일은 사랑의 기쁨을 실은 젊은이의 연기煙氣가 머물지. 그래도 예전보다 덜 나면 좋겠다는 작은 소망을 품고 대문을 연다.

바람의 고비

면소재지에 위치한 그 초등학교의 교정에는 대여섯 그루의 살구나무가 있었다. 학교의 모습은 가물거리지만, 탐스런 열매를 맺던 살구나무는 지금도 기억난다. 당직을 할 때는 그 밑에서 책을 읽고, 간식을 먹던 명당자리다.

마당이 있는 집을 갖게 되면 살구나무를 심겠다는 꿈은 좀체 이뤄지지 않았다. 주거 형태가 막 아파트로 확산되었고, 내가 처음으로 구입한 집도 아파트였기에. 그런데 생각지도 않은 조그만 밭을 갖게 되었고, 맨 먼저 심은 것은 당연히 살구나무였다. 연분홍 살구꽃은 돌아갈 수 없는 풋풋한 시절로 나를 끌고 갔다.

나무를 심고 보니, 눈에 띄는 것이 과수원의 나무들이다. 가지를 양옆으로 벌리고 손닿을 만한 곳에서 키를 멈춘 과실수를 본다. 인간의 욕심이 낳은 기형아 같기도 하고, 그 모양이 마치 내 몸을 당겨 놓은 것 같아 편치 않다. 시골 학교 살구나무는 내버려두어도 잘 자라 전교생이 먹을 만큼의 과실을 풍성히 매달고 있었는데….

우리 밭의 살구나무도 어느새 내 키를 넘었다. 가지치기는 아예 생각지도 않고, 그냥 쭉쭉 크도록 내버려두었다. 클 만큼 컸으니 올해는 실하고 상큼한 살구 맛을 볼 수 있으려나.

'드디어 나도 살구를…' 살금살금 다가갔다. 그러나 기대는 순식간에 무너진다. '아이고, 이런 낭패라니' 매달린 것보다 땅에 떨어진 살구가 더 많다. 아까워서 얼른 집어 들었다. 보기에는 멀쩡한데 이미 한쪽은 갈색으로 변했고 물컹거린다. 성한 것은 드물고 가지에 매달린 노란 살구도 이미 까만 멍이 들었다.

그즈음 조카가 가출했다는 소리를 들었다. 가끔씩 들리는 동생 부부의 불화설을 젊은이들의 사랑싸움으로 치부해버린 나의 무관심이 뜨끔하다. 조카는 그동안 할머니와 함께 생활했다. 할머니의 정성이 제 어미만 못 할리야 없지만 어린 마음에 엄마가 그리웠나. 할머니 둥지를 차고 나간 것이다. 친정어머니의 음성이 빗물보다 더 축축하다. 녀석이 갈 만한 곳으로 연락해 보지만 요즘 애들이 어디 흔적을 남기나.

살구나무의 비명을 듣지 못한 것처럼 이번에도 조카의 비명을 듣지 못했다.

문제를 안고 있는 아이들이 따로 있는 것이 아닌데, 간섭과 관심을 구분하지 못하고, 스스로 자라게 한다는 것이 결국 방임이 돼 버렸다. 대여섯 살 때부터 어지간한 초등학생 흉내를 내고 생김새도 귀티가 나서 모두들 귀여워했다. 삼촌, 고모의 칭찬보다 조카에게 필요한 것은 제 엄마의 품이었다.

폭주족으로 밤거리를 달리던 조카 녀석을 경찰서에서 발견하던 날, 식구들은 말을 잃었다. 얼마나 과속을 하다 내동댕이쳐졌는지 찢겨 나간 바지 사이로 핏물이 흥건하다. 살아 있는 것이 용했다.

나무도 살리고 조카도 살려야 한다. 제대로 열매를 맺지 못한 살구나무는 잿빛무늬병에 감염되었다는 진단이다. 병든 가지를 쳐내고 충분한 영양분을 뿌리 밑에 넣어 주는 것이 나무의 치료법이라면, 조카도 방황과 갈등이란 가지를 쳐내고 사랑과 안정이라는 따뜻함으로 다독여줘야 할 것 같다. 달가워하지 않았던 가지치기가 나무에 도움이 된다는 것을 인정해야 했다. 시간이 지나면, 나무가 진액으로 제 상처를 감싸듯, 조카의 흔들린 심신에도 딱지가 덮을 것이다. 그리고 힘들었던 방황의 늪에서 빠져 나오리라.

흔들리지 않고 크는 나무가 어디 있을까. 아프지 않고 크는 사람이 어디 있을까. 나 자신도 정체성을 찾고자 몸부림 친 적이 어디 한두 번인가. 가지를 잘려서 앙상해진 나무도 주인의 발자국 소리에 힘을 내는지 제법 실해졌다. 안팎으로 불던

거센 폭풍이 조카의 등교로 인해 미풍으로 잦아졌다. 친정 식구들은 안도의 숨을 내쉬고, 나 역시 마음 고생했던 뒤끝이라 한숨 놓았다.

사람 사는 세상에는 늘상 바람이 분다. 봄 날씨처럼 살랑거리는 바람도, 사람을 날려 보낼 듯한 강풍도, 살아있기에 온몸으로 맞는다. 적당한 바람은 삶에 활력소가 되지만, 대체로 바람 끝은 매섭다.

살면서 불어오는 바람의 고비를 우린 그렇게 넘고 있다.

연줄

입술에 물집이 잡혔다. 명절을 준비한다고 며칠 돌아다녔더니 쉬라는 신호를 보낸다. 평소 호강을 한 것도 아닌데 편리한 시절을 살다 보니 엄살만 늘었는지 몸이 먼저 티를 낸다. 민망하다. 금년은 추석이 이르게 9월에 들었다. 곡식과 과일이 익으려면 적어도 시월은 되어야 하는데, 채 여물지 않은 햇과일이 수줍게 선을 보인다. 아직은 철이 아니어서 제 맛을 기대하기는 무리지만 차례상을 준비하는 주부의 손길은 바쁘다. 내년에는 제철에 맞는 과일을 상에 올리고 싶다.

아랫녘 바람을 몰고 작은아들이 밤늦게 집을 찾아든다. 납품 날짜를 맞추기 위해 추석 전날까지 남도 지역을 돌아다닌 아들의 발품이 어미의 가슴을 아프게 한다. 아들은 작은 무역회사에 다니고 있다. 무역업의 편차가 크기에 자세히는 모르지만 아들의 회사는 아직은 새내기 단계인가 보다. 근면과 성실로 기존의 업체에 도전하는 젊은 회사다. 그러다 보니 통관된 물품을 제 날짜에 납품하는 것을 매우 중하게 여긴다. 어렵게 뚫은 거래처의 요구 조건에 맞추다 보면 제 시간에 밥을 찾아 먹기도 쉽지 않나보다. 공무원인 형처럼 내근을 하는 직업으로 바꿔 보는 것이 어떠냐고 의중을 떠 본다.

아들 녀석은 "저는 훌훌 한 바퀴 돌며 세상사는 맛도 느끼고 영업성과를 내는 이 분야가 재미있어요."

하며 어미의 걱정을 덜어 준다. 어느 직업인들 편하고 쉬운 것이 있겠는가. 직업의 어려움을 이해 못하는 것은 아니지만 명절 전날까지 일에 매달리니 마음에 걸린다. 자영업을 하는 남편도 쉬지 못하고 일을 한 것은 마찬가지인데 아들이 안쓰럽게 느껴지는 것은 어미의 마음이라 그런가 보다.

추울 때는 따뜻한 곳에서, 더울 때는 시원한 곳에서 일을 하기를 바라는 것은 모든 엄마들의 욕심이다. 일이란 원래 놀이와 달라 눈물과 땀을 요구하지 않는가. 인내와 열정이 없으면 일을 하기가 어렵다. 취업하기 위해 애쓰는 젊은이를 보면 내 아들, 네 아들 가리지 않고 안쓰럽다. 전문가들은 내년에도 세계 경제의 전망이 어둡다고 하는데 가장家長에 아비 노릇까지 하려면 얼마나 더 밭에서 땀이 나야 할까. 그래도 곤한 중에 낙이 있음을 느낀다면 그 맛은 얼마나 소중하고 달콤할까. 아들도 그 달콤함을 맛보길 기대한다.

잘 만든 우량품의 소비재도 고객을 찾지 못하면 재고로 쌓인다. 거래처 확보를 위해 도전하는 작은아들의 생각이 옳은지 모르겠다. 맞춤의 기계 부품보다 꿈틀대는 생명체를 키우려는 도전 정신으로 새 길을 찾고 발자취를 내는 아들을 보면서 마음을 바꾼다. 너는 어미의 걱정이면서 자랑이라고.

공중에 나는 연을 부러워했었다. 어린시절 멀리 날아가는 연을 보며 박수를 치곤했다. 얼레를 돌려 연을 띄웠듯이 이젠 세찬 바람 속으로 너를 띄워 보낸다. 거침없이 털고 날아라. 그리고 세상이 얼마나 넓고 큰지 바라보아라. 날개가 다칠까봐 독수리를 새장에 가둔다는 것이 엄마의 어리석은 생각이었음을 알려다오. 바람결이 세차다. 힘차게 얼레를 돌린다. 연줄이 탱탱하다. 이쯤에서 연鳶줄을 놓아야 한다.

줄은 놓되 녀석과 나의 연緣줄은 놓지 않으리라. 아들보다 한 발 먼저 휴가를 낸 며느리가 만들어 놓은 송편이 연을 닮았다. 가오리연, 방패연, 반달연, 까치날개연, 연도 종류가 많지만 며느리가 만든 것은 송편연이다.

작은아들은 귀성객이 몰리면 힘들다고 여장을 제대로 풀지 못하고 추석 당일로 떠났다. 그가 떠난 방문을 열어본다. 아직도 아들의 체취가 배어있다. 뻐근함이 가슴을 짓누른다. 녀석 사는 게 뭐라고, 연鳶줄은 놓았는데…, 왜 화가 나지.

은서

새해에 손녀를 보았다. 새벽임에도 출산 소식을 알리는 아들의 목소리가 힘차다. 진통이 길지 않아 순산했다고 안심을 시키지만 산고의 순간은 어미의 목숨을 담보로 하지 않던가. 얼마나 힘들었을까. 새 생명의 탄생에 머리를 숙이며 부모가 된 아들 며느리에게 고마움을 전한다.

차창 밖으로 낯선 풍경이 지나간다. 몇 번이나 오르내린 고속도로인데, 아들네가 이렇게 멀리 떨어져 살았나 평소 느끼지 못했던 거리감이다. 손녀를 보러 가는 길이 이렇게 길게 느껴지는 것은 한시라도 빨리 보고픈 할미의 성급함 때문이라고 달래며 둘째아들을 가졌던 때를 떠올린다.

다행히 입덧은 별로 안 했다. 그래도 즐겨 먹은 것이 있었다. 쫄깃하게 끓인 라면에다 고춧가루를 넣어 만든 일명 매운

라면이다. 약해진 비위로 감당할 수 있는 건 강렬한 맛이었다. 어쩌다 영양 보충으로 이것저것 먹어보지만 입에 맞는 것은 역시 매운 라면이었다. 혹여 아기 얼굴이 뾰글거리지 않을까 철없는 걱정을 하면서도 손에서 쉬 놓지 못했다. 그 아기가 커서 아비가 되었으니 감개무량이다.

갓난아기들이 조르르 줄지어 누워있는 가운데 유리창 너머로 손녀와 첫 만남이다. 핏덩이를 면한 2.8킬로그램의 작은 생명체가 동그란 침대 속에 누워있다. 마치 할미를 기다리고 있는 것처럼. 저도 세상 나오느라 힘들었는지 눈을 감고 있다. 동그란 얼굴에 눈 코 입이 고만 고만하게 자리를 잡고 있다. 금방 나온 아기 같지 않게 얼굴색도 제법 뽀얗고 안정돼 보인다. 오뚝한 콧날은 이 할미를 닮았나? 콧날이 제법 날렵하다. 제 핏줄이라서 그런지 간호사가 보여주는 아기 중에서 제일 예쁘다. 탯줄 끊은 지 겨우 대여섯 시간 지났는데 어느새 할미의 마음을 빼앗는다. 출산의 어려움으로 부기가 빠지지 않아 부석한 며느리의 얼굴이 그 어느 때보다 사랑스럽고 믿음직하다. 며느리는 그 와중에도 손가락 발가락을 세어봤다고 한다. 아기 엄마의 조심성과 기쁨이 말끝에 묻어난다.

잠깐이지만 신생아실을 둘러본다. 유명 대학 병원임에도 아기가 그리 많지 않다. 내가 자랄 때만 해도 한 집에 대여섯 명의 형제는 흔했고, 아이들의 웃음소리로 골목 안은 늘상 시끌벅적했다. 저녁밥을 차려놓고 아이들을 부르는 엄마의 목청

소리가 하루의 마감을 알리는 신호였는데, 요즘은 아기 울음소리가 귀하다.

우리 집도 장손을 본 뒤 몇 년이 지났다. 주님이 주실 때까지 차분하게 기다리자고 마음을 다잡았는데 손녀를 보니 그동안 꽁꽁 눌렀던 마음이 풍선처럼 둥실 떠오른다.

아들과 손자만 있는 내게 찾아온 손녀는 보물덩어리다. 대복이라는 태명으로 불린 손녀다. 복 많이 받으라는 제 부모의 염원처럼 복 많고 무탈하게 자라기를 바라는 할머니의 마음도 역시 다를 바 없다. 무얼 더 바랄까.

"그래 건강하게 무럭무럭 잘 자라렴. 그리고 하느님의 종으로 순종하며 네 할 일을 하렴."

귀한 손녀를 위한 선물을 준비하고 싶다. 무엇이 좋을까 즐거운 고민에 빠지다 작명에 생각이 닿는다. 그래 이름을 지어주자. 내 손녀에게 맞는 이름, 부르기 쉽고 기억하기 좋고 더불어 저를 표현하는 멋진 이름을 지어주고 싶은 욕심이 생긴다. 밤잠도 줄이고 옥편도 뒤적인다. 많은 상념이 정리되지 않은 채 몇 날 밤이 지났다. 밤새 뒤척거리던 할미의 얼굴에 서린 새벽 빛, 그것은 서광이고 여명의 순간이었다. 긴 어둠을 뚫고 먼동이 트면서 밝히는 붉은 빛이 상서롭다. 은혜로운 새벽, 은서恩曙. 김은서, 손녀딸의 이름으로 방점을 찍는다. 할아버지도 좋은 이름이라며 동의하신다. 다행히 제 부모도 좋다고 기쁨을 표하고.

우리 가정에 천사처럼 날아와 보금자리를 튼 은서야, 너는 우리에게 별이 되고 꽃이 되었단다.

살면서 가끔 생각해본다. 사람의 마음은 얼마만한 크기일까. 환하고 기쁠 때는 보름달보다 더 크지만, 힘들고 어려울 때는 겨울밤의 시린 달보다 더 잘게 부서지면서 약해진다는 것을. 그러나 좋은 일도, 어려운 일도 다 버텨 낼 수 있는 힘은 사랑하는 가족에게서 나온다는 것을 할미는 알고 있단다. 네가 "응아" 하고 태어날 때, 너를 지켜 본 아빠 엄마와 할아버지, 할머니, 큰아버지, 큰엄마, 그리고 건우 오빠까지 사랑의 웃음으로 널 맞이했단다.

너를 응원하는 가족이 든든하게 있는 이 세상은 충분히 살 만한 가치가 있고 아름다운 곳이란다. 힘내라, 김은서. 건강하게 자라 멋지고 이지적인 여성이 되어라.

2017년 1월 3일은 내 손녀 은서가 태어난 날입니다.

불꽃으로 살다

우리는 안다. 살면서 누군가를 사랑하지 않을 수 없다는 것을. 하지만 그 사랑도 언젠가는 변한다는 사실 또한 우리가 살아가면서 받아 들여야 한다. 짧았지만 혼신을 부여한 사랑 앞에서 그녀의 고통은 깊고 컸다.

프리다 칼로. 장미보다 더 붉게, 백합보다 더 고귀한 사랑을 갈구한 칼루는 멕시코에서 태어났다. 여섯 살 때 소아마비를 앓은 탓에 다리가 불편했지만 그녀는 총명하고 아름다웠다. 멕시코 최고의 교육기관에서 공부하며 장차 의사가 되려는 꿈은 열여덟에 처참하게 깨지고 만다. 하굣길에 당한 대형 교통사고는 그녀의 몸을 짓이겨 버린다. 옆구리를 뚫은 강철봉이 척추와 골반을 관통했다. 살아 있는 것이 기적이었다.

아무런 꿈을 꿀 수가 없었다. 지독한 고통 속에서 온 몸에 깁스를 하고 하루 종일 천정만 바라본다. 두 손만 겨우 움직인 칼로가 유일하게 할 수 있는 것은 거울에 비친 자신의 모습을 그리는 것이었다. 칼로는 "나는 늘 혼자였고 또 내가 가장 잘 아는 주제이기에 나를 그린다." 라며 자화상을 그린 이유를 설명했다.

수차례의 수술 끝에 기적적으로 발걸음을 뗀다. 교통사고의 후유증은 평생 그녀를 괴롭혔고 척추의 고통을 잊는 것은 오직 그림 그리기였다. 그림은 그녀가 살아가는 의미였고 운명이었다. 칼로는 자신의 그림을 평가받고자 당대의 천재 화가인 디에고 리베라를 찾아간다. 리베라의 격려는 그녀에게 큰 힘이 되었다. 화가가 되겠다는 결심을 굳히는데 리베라의 힘이 컸다.

자신의 재능을 인정해 준 리베라에게 그녀는 마력에 빠지듯 사랑에 빠진다. 리베라와의 만남은 그녀의 인생에 큰 전환점이자 운명이었다. 20여 년이나 연상인 리베라와 칼로는 '코끼리와 비둘기의 결합'이라는 호사가들의 호기심과 비웃음을 받았지만 둘은 결혼한다. 그리고 불꽃이 되어 자신을 태웠다.

한때는 불꽃처럼 타 올랐고, 든든한 사상적 동지가 되고 예술적 영감을 주고받는 부부였지만 여성 편력이 많은 리베라는 칼로를 두고 또 다른 여인을 찾아 떠난다. 칼로의 사랑은 짧았다. 하얀 재만 남기고 싸늘한 어둠 속으로 묻혔다. 한편에서는 애송이 칼로가 신분 상승의 발판으로 리베라를 이용했다는 소문도 있었지만, 병마와 싸우고 그림에만 빠져있던 외골수 칼로에게 그건 별 문제가 아니었다. 리베라를 진심으로 사랑한 칼로는 그 따위 편견이거나 악의적인 소문에는 귀를 닫았다.

사랑하는 남자를 떠나보내지 않으려고 그녀는 몸부림을 쳤다. 그녀의 안타까운 방황은 그림에 그대로 남았다. 〈머리를 자른 자화상〉, 〈내 마음속의 디에고〉, 〈두 명의 프리다〉, 〈희망의 나무여 우뚝 솟아라〉 등등 혼신의 힘으로 여러 작품을 남긴다.

그렇게도 칼로가 사랑했던 남편 디에고 리베라는 칼로에게 어떤 사람이었을까. 자신을 성공시켜 준 은인, 아니면 자신의 자존심을 지켜주는 든든한 기둥, 혹은 부족한 자신의 신체 일부라고 생각했을까. 아님, 고통 속에서 유일하게 위로를 받을 수 있었던 남자였을까. 스승보다 남자로 받아들이지 않았을까. 남자와 여자. 많은 생각이 몰려온다. 사랑하는 남자의 아이를 갖고 싶고, 그 남자와 결혼 생활을 영위하고자 애썼지만 결국 결혼 생활은 실패로 끝난다. 사랑의 소유욕은 자유 분망한 리베라에게는 집착으로 버거웠나 보다. 손을 뻗으면 뻗은 만큼, 잡으려 하면 잡는 순간, 리베라는 더 멀리 날아갔다.

더군다나 여동생인 크리스티나와 관계를 맺는 남편을 더 이상 견딜 수 없어 리베라 곁을 떠난다. 칼로는 분노와 상실감으로 많이 피폐된다. 〈도로시해일의 자살〉, 〈부서진 기둥〉, 〈상처를 입은 사슴〉 등등. 칼로는 고통을 잊으려 창작의 세계로

도피한다.

처절함은 아프지만 순수해서 때론 아름답게 느껴진다. 절대미는 고통도 끌어안는다. 그녀의 작품에는 살을 에이는 고통스런 삶이 녹아 있다. '프리다 칼로호湖'의 깊은 강물에 빠진 나는 그녀와 함께 익사하고픈 강렬한 충동을 느꼈다. 사랑을 놓지 않으려고 발버둥 친 그녀의 애끓는 통곡이 그녀와 나 사이를 넘나들며 감정을 이입한다. 도대체 리베라에게 칼로는 누구이고, 칼로에게 리베라는 누구인가.

건강 악화로 그녀의 삶이 얼마 남지 않았음을 안 전 남편 리베라와 친구들이 개인전을 마련했다. 일어날 힘조차 없는 그녀는 침대에 누운 채 개막식에 참석했다. 그로부터 1년 후, 고독과 육신의 고통 속에서 보낸 사십여 년의 생을 마친다. 그녀는 일기장의 끝줄에 '이 외출이 행복하기를, 그리고 다시 돌아오지 않기를….' 기원하면서 숨을 거둔다.

그녀가 태어났고, 그림을 그렸고, 사랑을 했고, 목숨이 다할 때까지 살았던 코요아칸의 푸른 집은 그녀를 기리는 멕시코의 대표적인 미술관이 되었다. 그녀의 작품은 미술사에 큰 획을 그었고, 멕시코뿐만 아니라 세상 사람들의 마음을 움직이는 메시지를 남겼다.

예술은 영혼을 갉아먹고, 갉아먹은 영혼을 성숙한 작품으로 되갚는 행위인가. 채워지지 않은 사랑의 갈증을 그림으로 승화시킨 화가 프리다 칼로. 고독과 고통을 멕시코 전통 의식에 녹여 자신만의 독특한 화풍을 세운 이 시대의 위대한 화가. 그녀는 불행과 절망 속에서 피어난 꽃이었다. 사랑과 배신의 급류 속에서 불꽃으로 살다 간 프리다 칼로, 그의 그림은 바로 칼로 자신이었다. 그녀의 혼불이 붉게 타는 작품 앞에서 생각에 젖는다. 여자는 무엇으로 사는가.

(2015. 6.6~9.4 올림픽 공원, 소마미술관에서 프리다칼로 작품전을 열다)

이방인

작은아들이 '훈련 동기'라는 말을 한다. 군대 동기면 동기지 무슨 훈련 동기냐고 물으니, 낯설고 물선 훈련병 시절 정신없이 훈련과 기합을 받다 보면 동료들이 있어 힘이 되었단다. 서로 격려하고 끌어주었기에 훈련을 무사히 마칠 수 있었다며, 꿈도 꾸기 싫은 훈련병 시절을 아직도 기억하는 걸 보니 어려울 때 만난 친구가 잊히지 않나 보다.

고맙게도 아들의 훈련 동기처럼 나도 수술 동기를 만났다. 같은 날 시간대만 달리해서 수술을 받게 된 그녀와 둘이서 사흘간을 함께 보냈다. 평소에 병원 찾을 일이 별로 없던 나와는 달리 그녀는 대수술을 여러 번 받은 병력이 있어서인지, 환자 준비물도 잘 챙기고 여유가 있어 보인다. '매도 맷집이 강해야 견딘다.'는데, 난 아픔에 대한 맷집이 거의 없어 두려웠다.

그동안 왼쪽 무릎 관절이 편치 않았다. 상태가 더 심해지기 전에 인공 관절로 대체하는 것이 반대편 무릎을 보호하는 데 도움이 된다는 진단이다. 수십 년을 지탱해 온 내 무릎에 낯선 이물질을 넣는다니, 마치 일면식도 없는 사람과 동거하라는 말처럼 들린다. 주위에서 인공 관절 수술을 받은 예를 보긴 보았다. 그러나 정작 내게 이렇게 급하게 다가오리란 생각은 미처 못 했다. 수술을 앞두고 여행을 다녀온다든지, 뭔가 나름의 결단 의식이 필요할 거라는 막연한 상상만 했다.

환자복으로 갈아입고 링거를 꽂으니 순식간에 환자가 다 되었다.

낯선 병실에서 첫 밤을 맞으니 여러 가지 생각이 밀려온다. 아마 죽음도 어느 날 홀연히 이처럼 혼자 마주치고 혼자 떠나는 것이 아닐까. 생명과는 무관한 수술임에도 머릿속은 삶과 죽음의 공포를 넘나들며 눈물샘을 자극한다. 얕은 잠은 고사하고 밤새 뒤척이다, 수술대에 올랐다. '남의 대들보 보다 내 손톱 밑의 가시가 더 아픈지라,' 무통 주사를 투여하는 데도 통증이 밀려온다. 남의 다리처럼 무겁고 거북스러운 내 다리가 얄궂다.

창가 쪽에 누운 그녀가 입을 연다.

"언니, 자요?"

"아니, 안 자."

그녀의 음성이 복음처럼 들린다.

'나 아프면 저 친구도 아플 것이고, 내가 조금 우선하면 저 친구도 좀 우선하겠지.'

아프면 둘이서 동시에 일어나고 좀 괜찮으면 동시에 몸을 눕히면서 그렇게 불면의 밤을 보냈다.

코로나로 인해 면회가 금지된 병실에서, 수술 후의 고통을 오롯이 혼자서 감당하니 아픔보다 정신적으로 힘들었다. 혼자서 이겨내야 하는 고독감이 서러웠다. 우린 부부가 일상사를 같이 분담하고 취미도 같았기에 외롭다는 생각을 못했는데, 젓가락 한쪽이 찢긴 것 같아 당혹스러웠다. 그동안 잊고 살았다. 평범한 일상이 얼마나 고마웠는지. '영감탱이'라고 곧잘 투정까지 부렸으나, 이제는 절대적으로 '영감님'이다. 가족 품으로 돌아가면 정말 감사하며 겸손하게 살아야지.

3일의 회복 기간을 마무리하고 일반 병실로 옮겼다. 다인실이다. 둘이서 지낸 회복실보다 불편하지 않을까 걱정했는데, 환우들은 새내기인 우릴 반갑게 맞이한다. 서로가 뼈를 깎인 아픔을 갖고 있으니 말문이 쉽게 열린다. 상처 부위는 시간이 지남에 아물 것이고 무릎이다 보니 재활 치료가 일과다.

여럿이다 보니 나름대로 조심들 하지만, 잠꼬대와 방귀가 장소를 가리는가, 큰소리로 중얼대는 잠꼬대로 어설픈 잠을 깨우고, 눈치 없이 나오는 방귀가 웃음을 유발한다. 방귀 뀌는 사람은 그래도 다행이다. 실제로 금식과 긴장감으로 변비를 겪는 환우가 많아, 잘 먹고 잘 배출하는 것이 아픈 다리보다 먼저였다. 수술 동기인 그녀와 난 다행히 덜 고생했다. 워커를 이용해서 걸음마 연습을 하면서 일상으로 돌아갈 준비를 한다. 그래도 우린 끝이 있는 병실 생활인데, 평생을 병실에서 보내는 환우, 불치의 병과 싸우는 환우를 떠올리며 아픈 사람을 위해 진심으로 두 손을 모았다.

겨울의 끝자락에 입원했는데, 퇴원하는 날은 봄볕으로 눈을 제대로 뜰 수가 없다. 겨우 보름 만에 찾은 일상인데, 온갖 것이 다 눈부시고 새롭다. 내가 자리를 비워도 이 도시는 잘 돌아갔고, 계절도 잘 바뀌고 있다. 오가는 사람들은 무엇이 바쁜지 종종거리고, 자동차 행렬은 멈췄다가 일제히 도도하게 떠난다.

그동안 살았던 도시임에도 낯설다. 마치 이 도시가 처음인 양, 이방인이 된다. 의학적인 소견은 차치하고, 아마 인공 관절도 지금의 나처럼 내 무릎 속이 낯설지 않을까. 선뜻 안으로 들어가지 못하고 서성거리면서 통증과 열감으로 낯섦을 표했는데, 난 참지 못하고 신음으로 대꾸했다. 분명 이물질이 내 몸에 적응하기 위한 시도였을 텐데, 인내보다 아픈 다리를 버거워했다.

나의 낯섦과 인공 관절의 낯섦이 분명 같지 않음을 안다. 그래도 조급해하지 않을 거다. 여유를 갖겠다. 그리고 분명한 한 가지, 나 자신을 비롯하여 인공 관절이, 결코 이방인이나 이물질로 주위를 오래 맴돌게 하진 않을 거란 다부진 마음을 먹는다.

첫 경험의 강렬함이 봄날처럼 어지럽다. 시간과 공간의 벽을 허물려고 애썼지만, 도시의 활력과 행인들의 보폭에 맞출 수 없음을 인지한다. 그들과 부딪치지 않으려고 한껏 몸을 낮추었다. 그리고 아주 천천히 걷기 시작했다.

어찌 단풍만 붉으랴

운동화로 산에 올라갈 수 있을지, 주위의 걱정이다. 생각지도 않은 문제가 신발에서 생겼다. 그렇다고 되돌아갈 수도 없고 불안하다. 다행히 고속도로 휴게소에서 등산용품을 판다는 생각이 들었다. 그러나 기대했던 가게는 새벽이라 문을 열지 않았고, 준비 없이 따라온 자책감 속에서 일정을 소화할 수밖에 없다.

예상치 않은 비가 내린다. 지리산 등산로에 도착할 때까지 계속되었다. 한 치 앞을 가늠할 수가 없다. 안개, 구름, 비가 잦아들다 다시 안개, 구름, 비다. 산길 또한 만만치가 않다. 빗물에 젖은 바위가 미끄럽나. 산죽으로 덮인 오르막길은 끝이 보이지 않는다. 이렇게 돌산이 가파른 줄 알았다면 따라나서지 않았을 텐데. 그저 경치 좋은 곳에, 기도하기 좋은 곳에 부처님을 모셔 놓지 않았을까 하는 안일함으로 산행을 따라 나섰다.

절은 해발 1,450미터에 위치했지만, 2,400미터의 산속을 걸어야 했다. 그곳에서 조금만 더 오르면 천왕봉이니 하늘 아래 첫 절이란 말에 수긍한다. 비닐 우비를 입었건만 몰아치는 빗줄기에는 속수무책이다. 정말 우려했던 낙상이라도 당하면 어쩌나, 돌계단을 살피며 딛는 다리에 경련이 인다. 걸을 때마다 '쿨컥'거리는 운동화는 노인네 기침 소리를 낸 지 오래다. 그런데도 무엇에 끌린 듯 기를 쓰고 올랐다.

지리산에 위치한 법계사는 신라 진흥왕 때 연기조사가 부처님 진신사리를 모신 곳이다. 진신사리라니, 부처님 영혼의 결정체를 모셨다는 말에 마음은 벌써 법계사에 닿는다. 법계사는 오랜 역사를 지녔지만 세속의 거대한 유명 사찰과는 거리가 멀다. 좁은 암자에서 시작한 절은 수도자의 기도처가 되고 삼신할머니를 모시는 민속신앙의 모태가 되었다. 6·25동란 때 소실되었다가 최근에 중건했는데 아직도 기와 불사가 계속 중이다. 워낙 산세가 높고 골이 깊다 보니 동란 중에는 빨치산들이 점거해서 동족끼리 총을 겨누는 현장이었고, 법계사가 흥하면 일본이 망한다는 속설로 인해 일본인들이 박아 놓은 쇠말뚝을 십여 년 전까지 뽑아냈다고 한다.

모진 세월을 견딘 법계사의 마당에 섰다. 싸한 바람이 빗물에 젖은 낙엽마저 떼어낼 것처럼 어지럽게 몰아친다. 그런데도 무슨 미련이 그리 많은지, 가지 끝에 매달린 잎사귀는 몸을 떨면서도 붙어있다. 절 마당까지 얼마나 된다고 이리 찢어서 떨어뜨리려고 하는지, 안쓰럽다. 뒹구는 나뭇잎을 하나 집어 들었다. 새가 쪼았는지, 바람결에 찢겼는지, 성치 않은 이파리다.

내려다본 산 아래는 온통 빨간색으로 물들었다. 붉은색이 이렇게 다양했던가. 갓 물든 주홍도 오래된 주황도 더 진한 갈색도 텃세 부리지 않고 서로 어우러져 다양한 색을 선보인다. 지난 시절 이리저리 찢겨서 아픈 흉터를 간직했음에도 그리 아파 보이지 않고 편안해 보인다. 못다 푼 정표情表는 가슴 깊이 새기고 의연하게 자리를 지키고 있다. 배고픈 새끼를 끌어안고 토닥이는 어미의 품이 이럴까, 포근함으로 가을비의 차가움마저 온기를 돋운다.

절터를 빠져나온 낙엽이 자유롭다는 듯 제자리를 찾아 땅에 붙는다. 떨어진 지 오래 되었나, 말라버린 눈물처럼, 물기 없는 낙엽이 빗물에 젖어도 자존심을 잃지 않으려고 뻣뻣함을 놓지 않는다. 갚지 못한 이승의 빚이 아직도 남았는가. 영혼들의 아우성이 산울림이라도 된 듯 우수수 소리를 내며 낙엽이 되어 떨어진다. 떨어진 나뭇잎이 발에 차인다.

피아를 구분하기 어려운 전쟁 통에 사람들의 피가 서린 지리산이다. 며칠씩 굶어 헛것이 보이는 상태에서 얼어붙은 산속을 감발로 쫓고 쫓기던 순간을 빨치산이자 작가인 이태는

『남부군』에 적었다. '먹을 것이라곤 하얗게 쌓인 눈밖에 없다. 타는 듯한 갈증 속에서 물 한 모금이 아쉬운데 하얀 쌀밥이 수북하게 담긴 밥사발이 앞에 있다. 그 밥을 뺏기지 않으려고 안간힘을 쓰며 허우적거린다. 파르르 떨리는 희미한 눈망울에 어머니의 손짓이 보인다. '어서 오라고' 짧은 이승의 숨이 멎는다. 원했던, 원치 않았던 빨치산의 생이 끝나는 순간이다.'

어찌 단풍만 붉을까. 단풍보다 더 붉은 응어리가 한이 되어 골짜기를 헤맨다. 떠도는 저 허연 안개처럼. 편향된 이념은 적대감을 낳았고, 적대감은 체제를 위협하는 불온사상이 되었다. 사상 전향을 거부한 산속의 젊은이들은 어두운 세상을 살다 그렇게 죽었다. 사람의 발자국은 전설을 남기고, 이루지 못한 허망한 이념은 한을 남겼다. 이념이 무엇이기에, 목숨을 버렸을까. 그들이 생각했던 이념의 종주국은 이미 해체됐다. 그들은 내일을 알지 못했다.

촛불을 켰음에도 법당 안은 어둡다. 그 진한 어둠 속에 나를 내려놓는다. 산자와 죽은 자의 명암이 얼룩진다. 살면서 지고 온 고단함이 물에 젖은 솜처럼 무겁다. 진신사리 탑에서 젊은 영혼을 위해 머리를 숙였다. 잠깐이라고 생각했는데 시간이 길었나 보다. 하산을 서두른다.

겨울 산은 해가 빨리 진다. 물기를 머금은 산속은 정갈하고, 이따금 떨어지는 빗물 소리가 혼자가 아님을 알린다. 홍시보다 더 진한 붉음이 풍요롭다. 불어난 계곡물은 허연 광목천을 길게 휘두르고, 곳곳의 웅덩샘에는 구슬같은 물방울이 솟구치며 낙엽들과 장난질이다. 울고 웃는 사람의 감정 따위에는 관심 없다는 듯.

절 마당까지 승용차가 들락거리는 요즘에, 법계사는 편리함을 거부했다. 한 발짝 뗄 때마다 땀을 요구했다. 그리고 오르막의 인내와 내리막의 겸손을 보였다. 법계사가 유독 높고 깊은 곳에 자리하고 있는 이유이지 싶다.

떼어내지 못한 붉은 아픔이 아직도 마음을 잡고 있는데, 버스는 벌써 도심으로 진입한다. 휘황한 조명등이 대낮처럼 밝다. 어둠과 밝음이 교차하면서, 승속(僧俗)이 엇갈린다. 하루만인데도 이 도시가 참 낯설다.

기적 소리만 남기고

일제 강점기였으니 모두가 살기 어려웠다. 그러나 조선의 쌀을 실어내는 항구 도시 군산에는 일찍이 일본인들의 거리가 형성되었고 여학교도 세워졌다. 일요일 오후가 되면 그녀는 학교를 가기 위해 군산으로 가는 열차를 탔다. 제법 일본말을 했음에도 불구하고 역의 안내 방송에 늘 긴장하는 열대여섯 살의 소녀였다. 발을 동동거리는 겨울날, 열차 칸에 작은 몸을 들여놓을 때까지도 추운 줄을 몰랐다. 아무리 험하고 배고픈 시절이라도 부잣집 딸들은 세라복에 외투를 입었는데, 노름과 아편으로 거덜이 난 그녀의 집에서는 감히 꿈도 못 꾸었다. 교복인 세라복으로 등하교를 했다. 그녀의 어머니가 농지기* 를 팔아서 수업료를 납부했기에 외투는 엄두도 못 냈다.

---

* 농지기 – 시집가는 딸에게 줄 옷감이나 물건 종류

좌석을 찾아 몸을 던졌을 때는 오한이 온 몸을 엄습하고 신열까지 났다. 난방이 되지 않은 자리에서 오들오들 떨고 있는 왜소한 그녀 곁으로 한 남자가 다가왔다. 그 역시 좌석을 찾던 중이었나, 확인 후 이내 옆자리에 앉는다. 잠시 뒤, 아픔에 떨고 있는 여학생을 발견하고 두툼한 본인의 코트 자락을 펼쳐 조심스레 감싸주었다. 참새새끼처럼 떨고 있는 조선 여학생을 보살펴준 남자, 그 남자 역시 조선 사람이었고 약학 전문대를 다니는 학생이었다. 몇 개의 역을 지나칠 때까지 이름도 성도 모르고 추위에 떠는 여학생을 그렇게 품어주다, 다소 안정됨을 확인하고 역구내를 빠져나갔다.

나는 이 이야기를 들으며 알퐁스 도데의 『별』을 떠 올렸다. 밤새 아가씨를 지켜준 목동처럼 오한에 떠는 계집아이가 무사히 군산역에서 내릴 수 있게 보살펴 준 그 남자의 따뜻함이 물안개 되어 젖어들었다. 조선 남학생이 조선 여학생에게 베푼 작은 배려였다고 가볍게 생각하면서도, 내가 아가씨라도 된 듯 오랫동안 마음에 남았다.

학교를 졸업한 그녀는 결혼을 했다. 남편은 친정 오빠의 고창고보 동기생이었다. 매제 감이었으니 얼마나 신중히 골랐을까. 법 없이도 산다는 보증 수표 같은 남자, 결혼 생활은 순탄했지만 청렴한 가장을 둔 그녀의 생활은 생각보다 힘들었다. 착한 남편이었지만 이재에는 밝지 못했다. 자녀의 학자금과 생활비를 보충하는 것은 그녀의 몫이었다. 그녀는 식구를 끌어안고 매일매일 치열하게 살았다. 공직자의 안사람이란 체면으로 상호를 내건 장사는 못했지만 어린 딸을 업고 천을 떼어다 팔기도 하고, 작은 텃밭도 놀리는 법이 없었다.

그녀는 삶이 버거울 때는 딸이 근무하고 있는 곳의 바닷가를 찾았다. 길게 뻗은 해변은 완만했고, 모래는 부드러웠다. 한없이 걸을 수 있는 백사장이 좋았다, 낙조가 아름다운 변산반도의 모래밭에서 그녀와 딸은 친구였다. 밀물과 썰물이 교차하는 바다, 때론 거칠고 때론 잔잔하면서 변신을 거듭해도 낭만을 잃지 않았다. 수평선 따라 넓게 드러난 백사장을 둘이서 걷고 또 걸었다.

물이 빠져나간 백사장은 그녀들에게 곧잘 보물을 안겼다. 씨알 굵은 백합조개, 모시조개가 여기저기에 모습을 드러냈다. 조개를 주우며 그 오진 맛에 어린애처럼 깔깔거렸다. 그런 소소한 즐거움은 그녀를 잠깐이나마 삶의 고단함에서 풀어놓았다. 바닷가의 낡은 민박집은 옆방의 소리가 다 들릴 정도로 허술했지만 그녀와 딸은 밤새 이야기를 나누다 곤한 잠에 빠져들곤 했다. 그렇게 잠깐의 나들이는 그녀의 생활에 활력과 충전의 기회였다.

시작이 있으면 끝이 있기 마련. 그녀는 임종을 지켜보는 자녀들에게 "화목하고 우애 있게"라는 말을 끝으로 잡은 손을 놓았다. 생전에 남편의 사랑도 많이 받고 다복한 가정이라고 주위의 부러움도 샀다, 그러나 어린 날 생명의 은인인 기차 칸의 인연은 풀지 못하고 떠났다. 사람의 인연은 어디까지인가, 옷깃만 스쳐도 인연이라 했는데, 그 인연은 기적 소리만 남기고 스쳐 지나갔다. 언젠가 우스개 이야기로 "약국에 가면 약사의 얼굴을 유심히 살펴보았다."는 그녀의 말이 농담만은 아니었으리라. 물론 서로 알아보지 못했겠지만….

이승과 달리 저 세상에는 남편도 아내도 자식도 없다고 한다. 그래도 앞서 간 남편을 만나면 자녀들 안부도 전하시고, 행여나 그 옛날 세라복 여학교 시절의 빗겨 간 인연도 만나시면 가슴에 묻었던 '고맙다'는 마음 전하고, 평안히 영면하시길 빈다.

섭섭하게, 그러나 영원한 이별이지는 않게, 그리운 이름 어머니, 당신을 보내드립니다. 안녕, 안녕히.

둘째딸이 어머니를 그리며

흑백 사진 두 장

전철을 이용한다. 지하를 오르내리는 번거로움이 약간은 부담스럽지만 막히지 않는 운행이 맘에 든다. 더불어 승객들도 내 또래가 많아 만만하다. 그러나 무엇보다 전철은 타는 곳과 내릴 곳을 미리 알 수가 있어 좋다. 인생살이도 전철의 안내 노선처럼 순서를 알고 가면 좀 좋을까.

성당의 봉사 단체에서 영정 사진을 찍어준다고 한다.

"오늘이 살아있는 날 중에 가장 젊고 아름다운 날이니 어르신들 사진 찍으십시오."

'어느새 영정 사진을….' 하기야 몇 년 전 영정 사진을 찍어볼까 시도 한 적이 있다. 더 나이 먹기 전에 찍으면 어떻겠느냐고 운을 뗐다. 남편은 앨범 속에 있는 것이 다 사진인데 굳이 영정 사진이 필요하냐고 되묻는다. 선뜻 설명을 못하고 시간이 지났다. 나 자신도 영정 사진이란 단어가 낯설기도 했고.

가끔 징용에 나갔거나 육이오 때 전사한 남편의 사진을 늙은 아내가 간직하고 있는 장면을 본다. 어머니와 아들로 착각할 정도로 사진 속의 남편은 앳되다. 헤어지던 순간의 모습을 백발의 아내는 아직도 내려놓지 못하고 있다. 사진의 위력이다.

처녀 때, 시어머니 되실 분이 선을 보러 오셨다. 이리저리 살펴보시더니 신붓감이 예쁘지는 않지만 콧날이 반듯하다는 말씀을 하시며 흑백 사진 한 장을 건네셨다. 친정 어머니는 "남자답게 생겼다." 사진 속의 인물을 넌지시 귀띔한다. 쑥스러워 사진을 바로 보지 못했지만 그래도 눈치껏 일별했다. 스포츠형 머리를 한 성실한 인상이다. 사진 속의 남자가 나를 보고 웃고 있다는 느낌이 착각은 아니었는지, 인연으로 이어졌다.

이번 기회에 영정 사진을 찍자는 설득이 주효했다. 카메라 기능이 있는 핸드폰을 다들 갖고 있는지라 사진관이 쉬 눈에 들어오지 않는다. 그렇다고 웨딩업을 주로 하는 곳에서 영정 사진을 찍기도 그렇고. 다행히 마트의 코너에서 사진관을 발견했다.

용도의 설명을 들은 사진사는 "좋지요, 젊으셔서 준비하시면 인물도 좋고 잘 나오지요." 적당한 은발이 멋있다고 하면서 손님의 체면을 세워준다. 남편 먼저, 아내 먼저, 서로 양보하다 결국 남편이 자리에 앉았다. 사진사는 남편에게 연신 안면 근육을 풀라고 한다. 우리 또래의 사람들은 사진을 찍을 때 잘 웃지를 않는다. 남편 역시 웃는 것이 계면쩍은지 대체로 화난 얼굴이거나 무표정이다. 웃는 표정에 익숙하지 않은 자화상 앞에서 애써 부드러운 표정을 짓지만 어색하다. 어린애 돌 사진이라면 "까꿍"이라도 해서 웃겨 보겠는데 명색이 영정 사진인데, 그럴 수도 없고. 제발 부드러운 표정이 나와야 할 텐데.

'찰칵, 찰칵, 찰칵….'

기사가 셔터를 부지런히 누른다.

그런데 이게 웬일, 남편이 카메라 앞에서 얼굴 가득히 웃음을 띠고 있지 않은가. 당황한 것은 오히려 나다.

"아니 영정 사진을 찍는데 그렇게 웃으면 어떻게 해요."

"영정 사진이니까 웃었지, 고맙게 잘 살다가 돌아가는데 기쁘지 않소, 그러니 웃을 수밖에,"

살면서 어찌 웃는 날만 있었을까, 그러나 남편은 환한 웃음으로 마무리를 짓는다.

죽음, 영정 사진, 이런 단어를 웃으면서 나누다니, 우리가 늙은 건지 철이 없는 건지 알 수가 없지만 분명한 것은 우리가 헤어지는 날 오늘처럼 웃으며 떠나기를 바란다는 점은 동감했다. 웃고 떠나려면 어떻게 해야 할까. 많이 닳아 희미해졌지만 지워지지 않는 지문처럼 무뎌졌다고 하면서도 남아있는 개성을 인정하고 존중해 주는 것이다. 한 발 물러나 꽃을 바라볼 때 향기가 더 진하듯이 우리에게도 적당한 완충 지대의 필요성을 느낀다.

더불어 결로 방지를 위한 공간을 남겨 놓듯이, 부부 사이에도 적당한 여백의 미가 필요하지 않을까 싶다.

시어머님이 주신 사진과, 내가 보낸 명함판 사진, 흑백 사진 두 장이 사람보다 먼저 만나 우리가 되었다. 살아온 세월이 고맙다. 놓치고 싶지 않은 순간이고 지나온 날이다.

아마추어 마라토너

고령화 시대라고 하면서도 은퇴 시기는 더 빨라졌다. 젊은이에게 자리를 비워주는 것이 세대 교체요, 사회의 현상이다. 그럼에도 불구하고 젊은이들은 여전히 구직난으로 고달프다니 안쓰럽다.

남편이 은퇴를 했다. 세월의 초대장이다.

ㅡ남편이 은퇴를 한다면…. 가끔 이후의 일들에 대해 생각을 해본다. 자영업을 하는 남편으로서는 쉽지 않은 과정이고 결단이겠지만 그래도 분명 은퇴의 시기는 올 것이다. 그렇다면, 은퇴를 유쾌하게 받아드리고 싶다. 열심히 일한 농부가 가을걷이를 끝내고 들녘을 바라보는 넉넉한 마음, 그런 마음으로 은퇴를 맞이하고 싶다.-

이런 마음 준비를 했음에도, 기실 변화가 두려운지 주어진

생활의 여유가 낯설다. 가장의 시간표에 맞춰 움직인 일상의 흐름이 무장해제 되니 마치 돌던 팽이가 멈춘 듯 중심을 잡기가 어렵다. 그러나 일할 때를 결정했듯이 물러날 때도 남편의 결단이 중요했다. 항상 최선을 다하는 모습이었기에 나 역시 그의 결정에 동의를 표했고 존중했다.

직업은 우리의 의식주와 직결된 천직이다. 남편이 전공 분야에서 일할 수 있었던 것은 은총이었다. 직업의 특성상 물질과 인술 사이에서 번민할 때도 있었고, 자신의 한계를 극복하려 밤을 지새운 적도 많았다. 세상이 하루가 다르게 변하는 것을 주부인 나도 느끼는데, 밖에서 일하는 가장들은 그 절실함이 얼마나 크고 넓을까. 가까이서 오랜 시간 지켜보며 아름다운 마무리란 의미를 되새겨 본다.

되돌아보면 참으로 많은 일들을 겪었다. 그래도 아쉬움보다는 보람이 컸다는 쪽으로 점수를 준다. 병역과 납세 의무를 준수했고, 자녀들을 성혼시키고 손주도 보았다. 세월 속에 녹아있는 시연들이 어찌 한 남자만의 것이랴. 우리 부부는 같이 웃고 함께 눈물을 흘렸다. 삶의 조각들이 익숙함과 낯섦으로 포개진다. 씨줄과 날줄로 얽힌 촘촘한 기억들을 상자 속에 담는다.

얼마 전에 읽은 신문 기사인데, 흥미롭다.

〈소셜 미디어를 달구는 중산층 별곡〉이다. 옮겨 보면 '부채 없는 아파트에 500만 원 이상의 수입에 자동차는 중형차, 잔고

1억 원 이상, 해외여행을 1년에 한 차례 이상 다닐 것' 이 한국의 중산층을 가늠하는 가이드라인이란다. 물론 객관적인 연구 결과는 아니다. 어느 사회학자는 "이 글이 인기를 끄는 것은 경제가 어려워 중산층이라고 생각하는 사람들이 줄어들면서 그만큼 경제에 대한 관심이 커진 현실을 반영한 것"이란다.

유럽의 기준은 '페어플레이 정신과 스포츠, 음악을 즐기고, 약자를 돕고 봉사 활동을 하며 더불어 사회 정의에 공분할 것' 등으로 나열했다. 의식주가 풍부한 선진국이라 그런가. 사회 보장 제도가 안정되어서 정신적인 면을 강조하고 있는 걸까. 꼭 그런 것만은 아닐 거다. 그곳에도 빈곤한 사람은 많다. 선진 사회를 유지하는 그들의 의식 수준을 먼저 대변한 것이라 생각된다. 그들은 정의와 열정, 그리고 사회 공익 부분에 중점을 두는데 우린 주로 경제적으로 중산층을 구분하는 듯해서 좀 부끄럽고 씁쓸하다. 아마 정신적인 면도 있겠지.

조선시대에도 중산층 기준이 있었다. '두어 칸 집에 두어 이랑 전답, 솜옷과 베옷이 두어 벌, 서적 한 시렁, 거문고 한 벌, 햇볕 쬘 마루 하나, 차 달일 화로 하나, 늙은 몸 부축할 지팡이 하나, 봄 경치 찾아다닐 나귀 한 마리. 그리고 의리를 지키고 도의를 어기지 않으며 나라의 어려운 일에 바른 말하고 사는 것'을 포함했단다.

선조들의 슬기가 멋지고 놀랍다. 필요한 것과, 해야 할 것을 어찌 그리 명확하게 구분지었는지. 우린 해야 할 것은 잊고 필요한 것만 챙기는 반쪽 삶을 살고 있지나 않은지 부끄러운 자화상을 본다.

기사를 읽으며 주판알을 튀긴다. 모든 것을 담담하게 받아들일 수 있는 삶의 지혜와 따뜻한 가슴이 필요한데, 어디쯤에 좌표를 찍고 있는지. 이틈에 나의 중산층 별곡을 만들어 본다.

신앙생활의 실천, 신문을 꼼꼼히 읽기, 음식을 절제하기, 물건에 집착하지 않기, 한 정거장 거리는 걷기, 기왕에 하던 운동의 스코어를 줄여보기, 조급증 내지 않기, 하루의 계획에 충실하기 등등. 생각보다 가짓수가 많다. 그러고 보니 또 있다. 은퇴한 남편에게 짐 지우지 않는 것. 추수는 남편이 했지만 갈무리는 내 몫이다. 잠언에도 있지 않은가. 온갖 사치로 흥청거리지 마라, 그 비용으로 궁핍해질까 두렵다. 노후를 스스로 해결해야 하는 우리 세대이다. 유념할 부분이다.

무엇이든지 일찌감치 준비해서 서서히 익혀야 하는 것이 세상일이라고 한다. 삶의 패턴이 바뀌고 새로운 일상이 시작됐다. 노년의 출발점에 선 아마추어 마라토너지만 페이스를 잃지 않는 절제력이 필요하다. 덤이라고 하지만 아직은 뛰어야 할 구간이 많기에. 그래도 딱 하나 욕심을 추가해 본다. 풍부한 물질보다 풍요로운 정서를 맘껏 누리고픈 맘, 과한가.

무뎌진 감성이 두렵다

석 달 뒤로 결혼 날짜가 잡혔다. 신랑감을 대여섯 번 쯤 만났을까. 서로의 마음을 알기에는 시간이 짧았다. 시어머님 되실 분이 노총각 큰아들 결혼을 바짝 서둘렀다. 남자 나이 서른에 결혼하면 늦다고 했던 그때와 마흔이 넘어도 미혼이 많은 지금과는 격세지감이다. 급한 대로 근무하던 학교에 사직서를 제출하고 서류상의 인수 인계를 마치고 하숙방 정리를 하니 홀가분하면서도 약간의 아쉬움이 남았다.

천방지축 아가씨가 신부 수업을 받는다고 꼼짝없이 집에 갇혔다. 무엇 하나 제대로 하지 못하는 딸을 시집보내는 친정어머니의 위기의식이 겹쳐져서 하루하루가 노동이었다. 중매로 만난 신랑감과 화끈한 연애를 한 것도 아니고, 시험공부를 하듯 살림살이를 배운다는 것이 그리 만만한 것은 아니었다.

이래저래 힘든 신부 수업을 하며 툭하면 어머니와 부딪쳤다.

이때 손에 잡힌 책이 장덕조 작가의 『벽오동 심은 뜻은』이란 장편 소설이었다. 지금 생각해 보아도 꽤 두툼했다. 양반집 도련님과 평민인 순이와의 순결하고 애틋한 사랑 이야기였다. 힘든 집안일을 대충 끝내고 책을 읽는 순간이 제일 행복했다. 순이가 되어 양반집 도련님과 가없는 사랑에 빠졌으니까. 한없이 따뜻했다.

친정 어머니께서 방문을 걸어 잠근 딸과 화해를 시도하신다.

"그리 재미있으면 나도 같이 보자."

"……."

사실 어머니와 같이 소설을 읽는다는 것이 익숙하지 않다. 종용하는 어머니의 열린 마음에 결국 포용 당했고, 학생들 앞에서 읽던 솜씨로, 또박또박 듣기 좋게 나지막이 소설을 읽어 내려갔다. 가슴 조이는 대목에서는 서로 눈물을 글썽이고 한숨도 쉬면서 어머니와 그 책을 다 읽었다. 장편이라 나중에는 목이 좀 꺽꺽거린 기억도 있다. 쉰을 막 넘긴 어머니도 감성은 이십 대인 나와 다르지 않음에 놀랍기도 했다. 우리는 모녀라기보다 장덕조의 문학세계에 푹 빠진 소녀들이었다. 지금도 어머니를 떠올리면 오십 년 전의 그 시절이 제일 아름다운 추억으로 남는다.

결혼을 앞두고 마음의 안정과 여유를 찾을 수 있었던 것은 다름 아닌 장덕조 님의 글이었다. 환경과 위치가 바뀌면 누구나 불안하고 걱정이 앞선다. 문학 작품이 사람의 마음을 순화시키고 치유하는 약이 될 수 있음을 알았다. 삶의 방향이 바뀌던 처녀 시절. 나를 잡고 지탱해준 책이 없었다면 어찌 위로받고 긍정의 힘을 얻을 수 있었을까. 글 속에 담긴 메시지에서 사랑의 미학을 배우고, 나아가 삶의 좌표를 세우는 데 도움받았음을 인정한다. 그 감동과 위안을 나누고 싶었다.

학창 시절 교지에 두어 번의 투고 경험 밖에 없는 내가 작가를 꿈꾼다는 것은 언감생심이었다. 그래도 감동을 잘 받는 사람이라면 글을 쓸 수 있는 재능을 지녔다는 말에 용기를 내서 글쓰기 공부방을 두드렸다. 견문을 넓히고자 애썼고, 무엇보다 사람을 사랑하는 따뜻한 마음이 우선이었다. 많이 부족했다. 그래도 포기하지 않고 습작하며 기초이론 공부를 하고, 백일장에도 참여했다. 그런 열정이 인정되었는지 수필로 등단하게 되었다. 등단했다고, 책을 발간했다고, 상을 탔다고 작가라고 말할 수 있을까. 그런 면에서는 지금도 자신이 없다. 전업주부인지라 폭 넓은 삶을 산 것도 아니고 다양한 경험도 못했다. 그래도 다행스러운 것은 글을 쓰면서 얻은 수확이 많았다는 점이다. 누군가 문학은 마라톤이라고 했다. 좋아서 쓰고, 싫다고 내박칠 수 없는 긴 여정이다.

그러나 이런 일상도 잠시, 생각지도 않은 질병이 세상을 덮쳤다. 코로나19로 많은 사람이 목숨을 잃었다. 첨단 의학인 백신도 바이러스를 잡지 못하고 있다. 사람들은 공포의 질병 앞에서 비대면이란 새로운 질서를 만들었다. 바이러스와 인간의 전쟁은 아직 끝나지 않았다. 그럼에도 "마스크 한 장이 남과 나, 공과 사의 이분법을 무너뜨리고 공생의 가치를 보여줬다"는 이어령 교수의 말에 공감한다. 이 교수는 디지털 공간의 '접속'과, 아날로그 현실의 '접촉'이 하나로 융합하는 새 시대를 살아갈 것이라며 그는 희망의 메시지를 전한다. 재앙 속에서 또 하나의 기적을 만든다.

살아남아서 이 아픔을 기억하고 활자화하는 일은, 글 쓰는 사람에게 주어진 임무라고 마음을 다잡는다. 나 자신에게 묻는다.

ㅡ열심히 쓰고 있는가?

ㅡ주변을 돌아보고 있는가?

그러나 마음과는 달리 현실의 무게에 눌린 듯, 무기력하다. 닳아버린 펜촉처럼, 무뎌진 감성이 두려움으로 엄습한다. 마치지 못한 숙제를 앞에 두고 있다. 글 쓰는 사람이 글쓰기를 게을리 한다면 그의 삶 또한 힘들어짐을 충분히 인지하면서도 곧잘 헤맨다. 나를 발견하고 나를 성숙시킨 문학이란 친구는 나의 분신인데. 그를 버거워하고 있다. 자신감을 잃고, 길바닥에 주저앉는다.

콧김만 한 햇볕이 쬐는 오후다. 갑천 둑방에 봄까치꽃들이 가득 찼다. 아기별들이 언제 이렇게 우르르 내려앉았나, 사랑스럽다. 언뜻 스치는 봄바람이 시린지 어깨를 바르르 떤다. 바람결에 더는 날리지 않으려는 듯, 작은 키를 잔뜩 낮추고서 발걸음을 잡더니 아예 주저앉힌다. 살얼음, 찬바람 속에서 굳은 흙덩이를 뚫고 나온 어린것들을 보란다. 참새의 혀보다 더 여린 새싹이 언 땅을 헤치고 나왔음을 보여주려는 듯, 꽃들의 속삭임은 계속된다. 추위를 이겨 낸 생명의 소리를 들으라고. 저 어린것들도 묵묵히 제 할 일을 하고 있는데…, 더 이상의 방황은 영혼의 사치라고 속삭인다.

봄볕도 고맙고, 키 작은 풀꽃도 의젓하다. 질병에 결코 항복하지 않는 우리 모두의 용기도 가상타. 아기별 하나, 품안으로 스며들어 불을 지핀다. 여린 봄꽃의 흔들림이 무뎌진 마음을 녹인다. 꽃이 사람이고, 사람이 꽃이라는 생각으로 곱게 물든다. 새싹과의 교감交感은 수줍음 속에서 은밀했다.

▣ 작가 연보

약력

전주여자고등학교, 군산교육대학 졸업

초등교사 역임.

문단경력

1987 대전 MBC 자연 보호 백일장에서 최우수상 수상

2005년 대전대 김용재 교수 수필 공부 시작

2006년 거제대 강돈묵 교수 수필 문학 수업

2005~2022 호서문학 동인지 발간

2006~2013 계룡수필 동인지 발간

2006~2022 수필과비평 작가회의 동인지 발간

2019~ 수필울에서 수필 공부.

현재 수필과비평 대전지부장. 수필울 회장

저서

2007 수필집『때때로 찍는 쉼표』

2017 수필집『지느러미의 여유』

2022 수필선『꽃이 온다 봄이 핀다』

수상

1987 MBC 주최 금강보호백일장에서 산문부 최우수상 수상

2005 호서문학 신인상

2006 문학세상 신인상

2006 수필과비평 (등단)

2019 수필과비평 문학상 수상

현대수필가 100인선 Ⅱ · 87
박숙자 수필선

꽃이 온다 봄이 핀다

초판 인쇄 2022년 4월 10일
초판 발행 2022년 4월 23일

지은이 박숙자
펴낸이 서정환
펴낸곳 수필과비평사 · 좋은수필사

주소 서울시 종로구 삼일대로 32길 36(운현신화타워) 305호
전화 02)3675-5635, 010-3231-4002
등록 제300-2013-133호
이메일 sina321@hanmail.net essay321@hanmail.net

ISBN 979-11-5933-396-5 04810
ISBN 979-11-85796-15-4 (전100권)

값 10,000원

* 저자와 협의, 인지는 생략합니다.
* 잘못된 책은 바꿔 드립니다.